国家社会科学基金一般项目“我国股票全流通背景下控股股东代理问题及治理机制研究（批准号:15BJY016）”成果

我国股票全流通背景下控股股东代理问题及治理机制研究

高燕　著

THE FULL CIRCULATION OF CHINA'S STOCK MARKET

WUHAN UNIVERSITY PRESS
武汉大学出版社

图书在版编目(CIP)数据

我国股票全流通背景下控股股东代理问题及治理机制研究/高燕著.—武汉：武汉大学出版社,2022.1
ISBN 978-7-307-21364-7

Ⅰ.我…　Ⅱ.高…　Ⅲ.上市公司—企业管理—研究—中国
Ⅳ.F279.246

中国版本图书馆 CIP 数据核字(2019)第 285010 号

责任编辑:陈　红　　　责任校对:李孟潇　　　整体设计:马　佳

出版发行：**武汉大学出版社**　（430072　武昌　珞珈山）
（电子邮箱：cbs22@ whu.edu.cn　网址：www.wdp. com.cn）
印刷:武汉邮科印务有限公司
开本:720×1000　1/16　印张:10.25　字数:182 千字　插页:1
版次:2022 年 1 月第 1 版　2022 年 1 月第 1 次印刷
ISBN 978-7-307-21364-7　定价:38.00 元

前　言

在中国，大股东侵占上市公司利益的现象相当严重。一方面，大股东通过决策影响上市公司战略，使上市公司成为大股东的提款机。另一方面，大股东通过关联交易使上市公司向大股东输送利益。中小股东的利益被大股东严重侵占。这种现象在股权分置背景下由于流通股与非流通股同股不同权，同股不同价的矛盾，问题变得尤为突出。

股权分置改革后，大股东的股票进入了流通，表面看起来实现了同股同权、同股同价，但新的问题出现了——大股东通过选择性信息披露影响上市公司股价，通过低买高卖获取资本利得。中国资本市场的股权代理问题究竟多严重？如何降低股权代理成本？如何保护中小投资者利益？这些问题受到了理论界与实务界的广泛关注。

本著作是作者获批的国家社会科学基金一般项目“我国股票全流通背景下控股股东代理及治理机制研究”（批准号：15BJY016）的阶段性成果，以期能对我国资本市场的股权代理问题进行描述与计量，在此基础上提出降低股权代理成本的对策，不妥与不当之处，敬请读者批评指正。

高　燕

摘　　要

无论是在理论上还是在实践中，企业股权的安排都是公司治理结构的重要内容，它代表着企业的控制权安排和一定的话语权结构。控股股东代理问题作为现代企业的第二类代理问题，是企业产权结构乃至公司治理结构的核心内容，也是公司治理所要解决的关键问题。我国上市公司的股份制改造路径比较特殊，主要缘于我国资本市场的改革与国有企业改革配套同步进行的特殊使命，从而使得我国资本市场经历了股权分置到全流通的独特阶段，这也使得我国上市公司的控股股东代理问题呈现出不同的特点并成为国内外理论界和实务界致力于解决的重大课题。

在资本市场建立初期，我国上市公司是由国有企业集团作为发起人（少数企业由国家部委作为发起人）设立股份公司，国有企业集团持有上市公司的绝大多数（一般为2/3）股份并且这部分股份不上市，因而上市公司在资本市场流通的股份仅为1/3少部分，从而使上市公司股份呈现出“同股不同权不同价”的二元股份，也就是呈股权分置的格局。这种股权分置格局使国有控股上市公司普遍存在“政企不分”、股东大会对中小投资者而言形同虚设等问题，严重扭曲了资本市场的定价功能，也严重侵害了中小投资者的利益，为国内外理论界和实务界所诟病。理论界和实务界所剑指的就是造成这些问题的一个重要原因——股权分置，也就是股权结构不完善，这是无法对公司的治理起到作用的。因而，理论界和实务界都将关注焦点集中到一个问题上，那就是怎样设计公众公司的治理结构和股权结构，以使其对控制权的安排趋于完善，提升公司治理的效率，对于公众公司，这是一个现实选择的问题，但对于经济运行的效率和社会和谐程度，这显然也是一个有待在理论上探索并最终给出合理答案的问题。

为了打破这种不合理的股权分置格局，上升一个层次应表述为，切实增进对中小投资者权益的保护，这最终也是为了促进整体资本市场的良性发展，自国有股一股独大开始受到诟病以来，我国在资本市场领域进行了“国有股减持”等多种改革与尝试，但遗憾的是，这些改革和尝试都以失败告终。2005

年4月开始的股权分置改革由于指向了造成上市公司控股股东代理问题的核心——实现资本市场的全流通，从而得到了市场的认同，并把我国长达十多年的股票市场熊市带入了牛市。

在国外，上市公司股份从一开始就是全流通的，但这些国家的上市公司仍存在不同程度的控股股东代理问题。有关上市公司股权结构与控股股东代理成本的问题，在公司制度确立以来就受到了学术界和现实经济生活各领域的广泛关注，学者们对此方面问题的研究也取得了大量富有创造性和针对性的理论成果。这些理论成果为本课题研究我国股票市场全流通背景下的控股股东代理问题奠定了理论基础，也指明了研究方向，但国内外资本市场存在背景不同、路径不同、历史文化不同等众多不同之处，所以，本课题的研究不能简单地照搬国外的理论成果。

本课题以产权理论为参照系，在对国内外相关领域的文献成果进行综述的基础上，基于信息不对称的视角，结合我国资本市场的实际情况，着重运用制度分析法、规范分析法、实证分析法等研究方法，对我国股票市场全流通背景下的控股股东代理问题进行了系统研究。本课题的主要内容可概括为三大部分：第一部分为“理论研究”，由第二章至第三章构成，包括国内外研究综述和重大基础性问题等内容；第二部分为“现状分析与实证研究”，由第四章至第五章构成，考察我国股票全流通背景下大股东的减持决策以及上市公司控制权配置格局的调整，并进行实证检验；第三部分为“对策研究”，即第六章我国股票全流通背景下控股股东代理问题的监管与防范。最后为研究结论与研究展望，即第七章，结合资本市场的发展分析其对投资者（主要是处于弱势地位的中小投资者）保护的内在要求，进而提出研究展望。

本课题与已有的相关研究相比，在以下方面具有特色与创新：（1）选题背景重要。中国经济正处于前所未有的改革阶段，现阶段改革的关键是市场化。本课题研究重点聚焦全面深化改革背景下我国资本市场的新问题，透析股权分置改革的双重后果，探索全流通背景下更加科学、有效的资本市场运行机制与监控体系，为深化我国资本市场的改革提供理论支撑和经验证据。（2）研究问题紧迫。2008年我国资本市场即进入了全流通时代，但同时沪深证券市场也进入了长达7年的熊市，加之全流通背景下频频曝出的“大小非”减持与控股股东构建复杂的股权结构等新问题，从而极大地挫伤了投资者对我国证券市场的信心，也极大地影响了企业在资本市场的融资与资本市场的良性发展。在此背景下，基于重振投资者对资本市场的信心与保护投资者尤其是中小投资者权益的视角，研究高效率股权结构的构建，探讨代理成本（聚焦于股权代理成本）的降低，自然成为现时代摆在理论界和实务界面前的紧迫任务和迫切需要加以研究和解决的重大问题。（3）研究内容现实。股权分置改革后出现的控股股东低成本控制上市公司是一个新现象，同时，我国上市公司的控股股东既具有结构性特征又异质性明显。我国已陆续推出创业板、沪港通等新举措，金融领域的市场化和国际化改革也在一步一步推进，我国企业赴海外上市自 20 世纪 90 年代以来从未间断过，即使近年来遭遇了不少风波，但这同时也考验了我国的企业。在这种背景下，研究全流通的资本市场之下我国企业的股权代理问题，推动我国企业股权结构的优化，自然具有直接的现实性。（4）理论联系实际，在对我国股票全流通背景下大股东控制问题进行客观判断的基础上，对监管与防范全流通背景下的控股股东代理问题提出了一套制度安排。

本书是在本课题负责人及成员发表于《江西社会科学》《宏观经济研究》《统计与决策》《湖北社会科学》等期刊上的 10 余篇学术论文的基础上加工、整理和扩充而形成的，试图把论文所表述的零星观点综合成一项较系统的研究成果。

目　　录

第一章　绪论……………………………………………………………………… 1
　第一节　问题的提出与研究意义……………………………………………… 1
　第二节　研究内容和研究思路………………………………………………… 4
　第三节　研究方法与创新之处………………………………………………… 5

第二章　文献综述………………………………………………………………… 9
　第一节　关于控股股东现状与特征的研究 ………………………………… 10
　第二节　关于控股股东代理问题经济后果的研究 ………………………… 32
　第三节　关于控股股东代理问题治理机制的研究 ………………………… 43
　第四节　研究述评 …………………………………………………………… 46

第三章　几个基础性理论问题的思考 …………………………………………… 47
　第一节　大股东代理问题与管理者代理问题 ……………………………… 47
　第二节　公司治理与产权安排 ……………………………………………… 49
　第三节　全流通与股权分置的比较 ………………………………………… 57

第四章　全流通背景下控股股东代理问题的现状研究 ………………………… 62
　第一节　全流通背景下控股股东持股的决策过程 ………………………… 62
　第二节　全流通背景下控股股东持股的特征
　　　　——与股权分置改革前的比较 …………………………………… 68
　第三节　全流通背景下的控股股东代理问题的存在性
　　　　——基于贵州茅台和五粮液的对比分析 ………………………… 77

第五章　全流通背景下控股股东代理问题的实证研究 ………………………… 91
　第一节　理论分析 …………………………………………………………… 91
　第二节　假设提出 …………………………………………………………… 93

第三节　研究设计 …… 98
第四节　实证结果分析 …… 101
第五节　产权属性及所有权与控制权的进一步分析 …… 112
第六节　稳健性测试 …… 118
第七节　主要结论及建议 …… 121

第六章　全流通背景下控股股东代理问题的对策研究 …… 126
第一节　政策法规、市场与新闻媒体 …… 126
第二节　公众企业与控股股东 …… 130
第三节　投资者自身 …… 132

第七章　研究结论及展望 …… 134
第一节　资本市场发展对于中国经济的作用 …… 136
第二节　投资者保护：资本市场发挥作用的关键 …… 138
第三节　研究展望 …… 141

参考文献 …… 143

第一章　绪　　论

第一节　问题的提出与研究意义

一、问题的提出

理论分析和实际经济运行状况表明，资本市场对一国经济发展的影响是复合型的，既体现出正向的推动作用，也存在风险加剧等负向效应。证监会前主席尚福林（2010）指出，资本市场对中国经济的贡献至少表现在“为我国的微观经济主体——企业，特别是国有企业提供了天然的、最直接的市场化改革与转型的平台”等六个方面，尚福林这六个方面的评价充分肯定了资本市场对中国经济的贡献。但我们也应清醒地看到，作为资产（含企业证券等）定价与交易的场所，资本市场一方面实现了资源的配置与再配置，另一方面也因资本化的实现和深化过程而加剧了社会结构的调整与分化，并不可避免地派生出各种社会性问题甚至冲突。这些问题和冲突在股权分置时代尤为突出。

股权分置是中国特有的现象，指的是这样一种现象——在资本市场上市的企业的全部股份被划分为两种类型，其中一种类型是可以在二级市场上流通的，这部分股份被称为流通股，另一种类型是不能在二级市场上流通的，这部分股份称为非流通股。之所以形成这种格局，是由于证券市场建立之初带有为国有企业脱贫解困的任务，企业在上市时拿出一部分股份到二级市场上流通，另一部分股份则以非流通股的形式保留在设立股份公司并与股份公司同名的集团公司，如原武汉钢铁集团拿出一部分资产（集团称为优质资产）设立武汉钢铁股份有限公司，并推动武汉钢铁股份公司到上海证券交易所上市。但武汉钢铁股份有限公司的总股本中仅30%左右到二级市场上市流通，武汉钢铁集团持有的70%的股份是不能到二级市场流通的。武汉钢铁集团也因此自然而然地成为武汉钢铁股份有限公司的控股股东。多年以来，这种股权分置的格局使上市公司的股份呈现“同股不同权不同价”的不合理现象，使资本市场本来意义上的定价功能无法发挥，一方面严重阻碍了资本市场资源配置功能的实现，另一方面其带来了严重的上市公司利益被内部人和控股股东侵占的问题，因而受到各界的诟病。

基于这一系列负面后果，我国采取了国有股减持等多种办法试图改革二元股权结构，以改变不合理的股权配置格局，但都以失败告终。2005 年 8 月，股权分置改革拉开帷幕，至 2008 年底基本收官。多年过去了，理论界和实务界均关心，经过长期的酝酿与探索的股权分置改革是否如愿地达到了效果。中国证监会研究中心原主任祁斌指出，保护中小投资者就是保护资本市场。本课题正是基于我国股票全流通的背景，深入分析控股股东代理问题的特征、实质并提出治理机制，以促进资本市场持续健康、良性发展。

中国证券市场进入全流通以来，上市公司的大股东纷纷减持，似乎“同股同权”“同股同利”的时代到来了。但遗憾的是，来自官方的报告（上海证券交易所资本市场研究所年报专题小组 2012 年的调研报告）指出，虽然资本市场进入了全流通时代，但上市公司的代理问题又出现了新的现象——上市公司的实际控制人越来越多地减持上市公司的股份，使其投资成本降低，而且赚取了资本利差。在 21 世纪过了十来年之后，也是股权分置改革结束三年的时间以来，在我国资本市场上公众企业被第一大股东（主要是发起设立上市公司的原始股东）持股的比重已经大大降低到 1/3 以下，它们持有的股份比例并不构成以往所认为的绝对控制的程度，但关键的问题也是资本市场长期的问题是这些第一大股东依然以这不到 1/3 的股份对整个上市公司进行牢牢的掌控。更令人惊奇和担忧的是，数据显示，在我国股权分置改革以来出现了新的情况——各地各行业都有这样一些上市公司，其第一大股东所占的股份不到 10%，但是现实状况是，这些大股东仍然始终对整个上市公司拥有实际控制权。专家将这种现象称为“小股东控制”问题，实际上是由于第一大股东牢牢掌握着公司董事会的决策权，因此仍存在较严重的控股股东代理问题。如何从理论上解释中国资本市场上不变（至少中长期难以改变）的政府管制与控制权配置格局，走出中国式股东中心主义困境、切实保护普通投资者的利益是各界普遍关注的重大问题。本书基于产权理论、委托代理理论和控制权私利理论研究全流通时代的“小股东控制”格局及其效果，以期从理论上为全流通时代企业所有权与控制权的制度安排提供经济意义上的路径指引，从而促进上市公司股权结构的优化。

二、研究意义

中国资本市场已进入全流通时代。从唯物辩证法的发展观来看，一种新的股权配置格局的出现是对原有股权配置格局的扬弃，在实践探索和检验的基础上，全流通时代将形成较之于股权分置时代更优的股权配置格局。虽然资本市场进入全流通后，上市公司大股东的股份可以流通了，资本市场确实有不少大股东减持了股份得以套现，因而形成一个结果——以往的大股东调减了股份比例，表面上看起来成为“小股东控制”，但这些“小股东”依然握有对上市公司的实际控制权，仍然可以对中小股东进行侵占，所以这种情况下反而出了新的问题——身为实际控制者的“小股东”控制着上市公司，成本更低，而且“小股东”也可以通过安插董事会成员而组建内部人，所以“内部人控制”问题同样存在。

理论上，股权分置改革具有正面与负面双重结果。正面来说，首先，有利于股份增强流动性，提高市场交换率和活跃程度，这有利于使二级市场上的投资者购买上市公司的股份从而对以往的控股股东和内部人构成威慑与监督，这对公司内部人的监督也有推动作用，从这个意义上来说有利于降低上市公司的代理成本（Maug，1998；Bohon & Thadden，1998）。其次，有利于推动股权结构的调整趋于优化，通过抑制大股东和实际控制人的侵占动机，促进公司治理的改善，进而切实提升企业的价值。但其负面作用也不容忽视——在投资者保护较弱的中国，控股股东可能会把股权结构调整到最适合剥削中小股东的状态，从而导致股权结构的调整趋于恶化。对于公司治理水平整体偏低的新兴市场国家及法律对投资者保护不足的市场环境，自证券市场建立以来，我们观察到了大量中小股东利益受到侵害的现象，比如企业治理与经营运作中通过构建集团化的组织结构或复杂的所有权结构，使其整体缺乏透明度，经营过程中的关联交易和寻租活动盛行。这些治理和经营方面的特征加之股改后大量上市公司对大股东进行定向增发，使大股东减持后形式上成为“小股东”而实质上依然牢牢掌控着其专有资产的控制权并足以获取控制权私利，导致短期内尚难实质上改变现有的控制权格局，反而可能因现金流权与投票权的分离加大而进一步使控股股东利益集团（大股东及实际控制人）与市场上广大中小股东之间的代理问题（La Porta et a1.，1999；Claessens & Fan，2002）得以加重。

实践中的这一问题对市场监管提出了新的挑战，也为我们的理论探索提供了课题和研究契机。基于这样的背景来研究全流通时代的“小股东控制”格局及其经济后果，探讨走出为理论界和实务界所诟病且期待改进的具有中国式特征的股东中心主义困境的相应的制度安排与路径设计，对作为资本市场基础的广大中小投资者的利益进行切实的保护，这在现时代具有相当的应用价值和实践意义。综上，总体来看，本书的理论和实际应用价值体现在：

（1）分析全流通背景下的控制权配置格局及其演变路径，对上海交易所资本市场研究所年报专题小组（2012）提出的“小股东”的形成机理和“小股东控制”问题的实质进行理论上的解释。

（2）通过对企业、市场、投资者和监管当局多层面的分析，探讨全流通背景下降低控股股东代理问题的路径设计与制度安排。

第二节 研究内容和研究思路

一、研究内容

本书研究的内容除第一章绪论和最后一章研究结论与研究展望之外，其他章节的内容可以概括为如下三大部分：

第一部分为“理论研究”，由第二章至第三章构成，包括国内外研究综述和重大基础性问题等内容。

第二部分为“现状分析与实证研究”，由第四章至第五章构成，对我国股票全流通背景下大股东的减持决策和上市公司控制权配置格局的调整进行分析，以案例展示全流通背景下存在的控股股东代理问题，并进行广泛的调研和数据搜集，从经验上提供我国当前股票进入全流通之后上市公司依然存在控股股东代理问题的证据。

第三部分为“对策研究”，即第六章我国股票全流通背景下大股东控制的监管与防范。

由上可见，本书研究的基本思路是“理论研究—现状分析—对策研究”。事实证明，这种理论联系实际的，从问题提出到问题分析再到问题解决的研究思路，是有利于问题解决的研究路径。

二、研究思路

本课题研究遵循控制权逻辑，采用理论分析→现状分析→对策研究的总体思路，在研究过程中始终贯穿这样一种分析范式：“股权结构→控制权安排→公司治理结构→投资者保护”，解决理论联系实际的问题。这种总体思路和分析范式是一种合乎逻辑的现实选择。对于现时代的市场经济环境，企业可以被视为资本、劳动、智力等资源所有者所共同缔结而成的“一组契约”。基于企业的这一本质特征，企业就是由这些产权所有者为公司投入的专用性资产所构成的。作为公司的控制权安排，股权结构决定了公司控制权要平等地对待各投资者，对所有投资者的利益进行切实的保护。这一目标的实现必须建立起科学的公司治理结构。可见，产权所有者、股权结构、公司控制权安排和公司治理结构之间存在密切的逻辑关系。

第三节　研究方法与创新之处

一、研究方法

本书研究主要采用制度分析的方法，同时将文献归纳法、规范分析法、制度分析法、案例研究法、实证分析法等方法综合起来运用。在进行理论探讨的同时，结合大量数据处理，使研究既有理论和制度基础，又有数据支撑。

1. 制度分析法

股权结构研究需综合运用产权理论、委托代理理论、控制权理论等。本书力求充分、合理运用各种理论的观点和方法，历史地、辩证地分析和把握中国上市公司的股权结构及“小股东”问题出现的必然逻辑，建构明晰的理论分析框架和得出有针对性的结论，为此需在大量阅读理论文献，系统深入地掌握重要理论观点和方法的基础上，展开对股权结构所涉及的理论问题的分析和提炼。同时对“小股东控制”的监管与防范主要采用与西方制度进行比较、借鉴的方法，突出我国在上市公司所有权与控制权安排方面的制度特征。

2. 规范分析法

规范分析法的研究路径是由一般至特殊。本书在第六章中采用规范分析法来对全流通时代的股权结构以及控制权安排“应该是什么”提出自己的看法。

3. 实证分析法

实证分析法着重研究客观事物“实际是什么”，这个研究过程中不包括研究者本人的价值判断。有鉴于此，本课题对股权结构如何影响公司控制权的安排不仅进行理论分析，而且结合我国上市公司的实际情况进行了实证检验，以便更加深入地分析和把握我国股票全流通背景下的控股股东代理问题。

4. 比较分析

为分析后股改时代资本市场上的公司治理结构与股改前相比有哪些不同，本书采用比较分析法（主要采用均值T检验），透彻比较产权性质、控制人级别、地区市场化进程和上市模式等不同的上市公司股改前后的股权结构变化是否存在差异。

5. 调查与访谈法

课题组通过参与国家社会科学基金一般项目（已结题）的研究和正在进行的湖北县域经济研究中心的项目，深入多家上市公司进行了深度访谈，在前往上市公司进行深度访谈的同时，通过问卷平台和现场发放、邮寄等方式发放了大量调查问卷，经过对问卷的整理获取了大量有意义的第一手资料。在此基础上，课题组将结合本课题的需要，继续对这些企业跟进调研与访谈，以获得"小股东控制"方面的数据及来自各界的对"小股东控制"的看法。

6. 案例研究法

选取贵州茅台和五粮液两家企业进行案例对比。大量案例研究是基于一家企业的情况进行分析，对两家或两家以上企业的情况进行对比的比较少见。贵州茅台和五粮液同为西部地区的白酒类国有上市企业，但两家企业的股权分置改革、利润分配、市场表现以及控股股东代理问题，都完全不同，究竟有哪些不同，是什么原因导致了这些不同，本书将在现场调研和通过新闻媒体搜集信息的基础上进行深入的案例剖析和对比分析。

二、创新之处

国内外已有的研究成果是本书展开研究的基础，因而本书在对专家学者以往的文献和成果进行研读的基础上，以产权理论为参照系，着重运用产权理论，从信息不对称的角度，结合我国资本市场的实际情况，综合运用制度分析法、规范分析法、案例研究法、实证分析法等方法，对我国股票市场全流通背景下的控股股东代理问题进行了系统研究。本书与已有的相关研究相比，在以下方面具有特色与创新：

（1）基于全流通的资本市场背景，为企业治理领域尤其是股权结构领域的学术研究和政策建议构建了一种具有新意的研究路径和分析思路。中国经济正处于前所未有的改革阶段，现阶段改革的关键是市场化。本书研究重点聚焦全面深化改革背景下我国资本市场的新问题，透析股权分置改革的双重后果，探索全流通背景下更加科学、有效的资本市场运行机制与监控体系，在全面深化改革时代，为中国资本市场的健康运行和不断完善从理论上提供支撑依据并从经验证据上提供数据支撑。

长期以来，有关公司治理问题的研究基本上是遵循“股东至上”逻辑，根据企业是为了达到股东财富的最大化而构建公司治理理论，企业股权结构的选择以及企业控制权的配置乃至公司治理结构的安排与设计都要服从这一目标，但现实经济生活中，股东财富最大化目标往往只考虑了大股东的财富。然而，对于股票在二级市场交易的公众公司，在当今以信息和网络经济为载体的现代市场经济条件下，由于人们投资意识的增强以及资本市场持续健康发展的内在需要，中小投资者的利益日益受到重视和广泛关注。与此相适应，本书基于投资者保护视角，以全流通的资本市场为背景展开研究。本书研究遵循控制权逻辑，始终贯穿这样一种分析范式：“股权结构→控制权安排→公司治理结构→投资者保护”。

基于这一背景，本书的基本思路是：按照契约经济学理论，企业本质上是各产权所有者缔结的“一组契约”。从这个意义上看，企业就是由这些产权所有者为公司投入的专用性资产所构成的。作为公司的控制权安排，股权结构决定了公司控制权要平等地对待各投资者，对全部投资者的利益加以保护。显而易见，这一任务的实现必须建立起科学的公司治理结构。可见，产权所有者、股权结构、公司控制权安排和公司治理结构之间存在密切的逻辑关系。这一背景所决定的本书的研究范式反映了资本市场发展的内在要求，是现代产权思想的逻辑延伸，为企业治理领域尤其是股权结构领域的学术研究和政策建议构建了一种具有新意的研究路径和分析思路。

（2）基于复杂所有权结构视角，深化了控制权问题与公司治理领域的相关研究。股权分置改革后出现的控股股东低成本控制上市公司是一个新现象，同时，我国上市公司的控股股东既具有结构性特征又异质性明显。我国已陆续推出创业板、沪港通等新举措，金融领域的市场化和国际化改革也在一步一步推进，我国企业赴海外上市自 20 世纪 90 年代以来从未间断过，尽管近年来遭遇了不少风波，但这同时也考验了我国的企业。在这种背景下，研究全流通的资本市场下我国企业的股权代理问题，推动我国企业股权结构的优化，自然具有直接的现实性。同时，本书把 LLSV 范式下的复杂所有权结构纳入了分析框架，使控制权理论与现实问题的研究得到了拓展。

（3）着眼于资本市场的持续健康发展，在对我国股票全流通背景下大股东控制问题进行客观判断的基础上，借鉴国际经验，对监管与防范全流通背景下的控股股东代理问题提出了宏观、中观、微观层面的一系列制度安排。张兆国（2006）认为，公司治理结构是各利益相关者为解决公司中的各种代理问题（主要是控股股东的代理问题和经营者的代理问题），基于一组契约，对公司内部人进行有效监控和施加积极影响的一整套制度安排。2008 年我国资本市场即进入了全流通时代，但同时沪深证券市场也经历了多年的熊市，加之全流通背景下频频曝出的“大小非”减持与控股股东构建复杂股权结构等新问题，从而极大地打击了投资者对我国证券市场的信心，也极大地影响了企业在资本市场的融资与资本市场的良性发展。在此背景下，基于重振投资者对资本市场的信心与保护投资者尤其是中小投资者的视角，探讨如何构建合理的股权结构，切实降低企业的控股股东和分散在市场上的广大中小股东之间的代理成本，自然成为摆在学者和监管层面前、迫切需要加以研究并提出解决方案的重大问题。本书将控制权理论应用于中小投资者利益保护问题，研究我国由特殊的股份制改造历程走向全流通背景下的控股股东代理问题，这不仅有助于推进股权结构乃至公司治理结构研究的深入发展，而且也丰富了委托代理问题研究的内容。

第二章 文献综述

现代公司具有股权分散的特征，而经济交往中的契约又总是具有不完备性，由此引起了现代企业的两权分离问题，这早已成为社会各界研究的重点。众所周知，在英国、美国等资本市场建立最早的一批西方国家，公司的重要基本特征之一是股权分散，在新兴的市场经济国家和其他后起的经济体内，股权分散也是现代企业的典型特征之一。股权分散的企业需聘任经理人对企业进行日常的经营，由于经理人可能进行过度的在职消费，也可能在经营管理过程中发生偷懒行为，从而侵蚀投资者的利益，这就是早期的研究所侧重的对股东与经营者之间的代理问题的考察，基于对这一问题的研究，学者们留下了丰富的“管理主义”方面的成果。但是，普遍的股权集中的事实从 20 世纪最后 20 年开始逐渐进入了学者们和实务界的视野，Shleifer 和 Vishny（1986）较早地关注到了这一特征，他们（1986）的文献指出，美国大型企业以往被公认为是股权分散的代表，但事实上美国大型企业的股权都存在一定程度的集中现象。La Porta 等（1988）的研究着重调研亚洲和拉丁美洲的上市公司，结论与 Shleifer 和 Vishny 的不谋而合——对于在亚洲和拉丁美洲的大型企业，所有权的集中程度普遍较高的情况同样存在。对 OECD 国家的关注情况来自 OECD（1999）的研究报告——在 OECD 国家，大多数企业的控股大股东其持股比例都很高。La Porta（1999）采集了美、日、英、瑞士等全球 27 个经济发达地区的数据，通过详细分析后发现，在这些被认为股权分散的地区，其大型企业的股权几乎都由政府或家族控制着，其股权都不是所认为的高程度的分散状况。这些研究显示，在全球各个国家或经济体，大多数企业呈股权集中的现象，存在一个大股东（极少数情况为几个大股东）占据着主导地位，这个大股东就是企业的控股股东。20 世纪末以来，世界各国企业的股权结构越来越趋于复杂，其中最重要的表现就是企业的终极控制股东凭较少的现金流投入实现了对整个上市公司的控制，呈现出所有权与控制权的分离，在这种情况下，终极控制股东既有能力控制上市公司，又有动机实现控制权私利的最大化。这主要是缘于终极控股股东对公司投入的现金流有限，因而其对上市公司仅承担有限责任，比如在对上市公司的投资项目进行决策时，终极控制股东可能会对高风险高收益的投资项目有所倾向，从而出现 Jensen 和 Meckling（1976）所言及的资产替代现象，这种行为必然带来终极控制股东与其他股东尤其是中小投资者之间的代理问题，从而形成利益冲突。众多的文献已为这一结论提供了经验证据。故本章围绕控股股东代理问题的严重程度与控股股东代理问题的治理进行文献综述。

第一节 关于控股股东现状与特征的研究

各个国家由于政治、经济、文化和市场基础不同，企业的控股权结构也表现出显著的不同。在学术研究领域，对企业控股权结构较早进行研究的是 Berle 与 Means（1932），继而 Jensen 与 Meckling（1976）也贡献了经典文献，此后 Fama 与 Jensen（1983）等也对企业控股权的安排及经济后果进行了研究。在他们看来，对于一个企业，拥有所有权的所有者与处于经营管理地位的管理者们是代表着不同的利益诉求的，最典型的表现是，作为所有者的股东，偏好于企业价值的最大化，但作为管理层的经营者们却希望实施一些与企业价值的最大化所偏离的其他的私利战略，比如个人消费的最大化。显而易见的是，在所有者们对经营者们缺乏足够的监督与适当的激励的情况下，经营者们就有足够的动机按照自己的判断去执行日常业务，而这可能会使所有者的利益遭受损失。这意味着，企业采用不同的控股权结构将使企业价值体现出不一样的经济后果。所以本书的文献综述部分将对世界各个国家企业的控股权结构呈现何种特征及控股权结构是如何演变方面的研究文献进行详细回顾，以分析其他国家企业的控股权是如何发展的，有哪些经验教训，从而对资本市场建立较晚的我国企业的控股权结构如何优化提供现实的指引。

世界上各个国家的控股权结构具有不同的特征，这是公认的事实，在股权代理问题上，各国的表现也有所不同。控股权结构有不同的类别，大致包括以下几类：

一、按照持股主体与持股方式进行分类

企业是由投资者创建的，投资者创建企业之后，会有其他股东加入，到资本市场上市的企业，其股权在资本市场上交易，因而企业的持股主体会呈多样化的特征。投资者对企业投资后可能会构成交叉持股等持股方式，因而投资者对企业持有股权的方式也呈多样化的特征。本书按照一般的惯例，将世界各个

国家的各种投资者对企业投资后企业形成的股权结构划分为以下三种主要的形式。

（一）法人交叉持股为主

法人是投资者队伍中的重要组成部分，法人之间往往构建交叉持股的形式。日本是以法人交叉持股为主的代表性国家，日本的证券市场具有的显著特征是企业法人所持有的股份比重相当高，因而上市公司的股权结构呈“高比率法人持股”的显著特点，并存在“法人相互持股”的现象。日本资本市场研究会的调研结果显示，20 世纪 80 年代末，法人持有日本上市公司的股份比例达到 72%，散户投资者持股比例仅 22.6%。在日本证券市场上，另一个显著特点是法人之间相互持股的情况比较普遍，在日本，有不少大型企业集团是由几个核心企业相互持股形成的。青木昌彦研究发现，日本上市公司的股份有四成左右是被大型企业相互持有的。六大企业集团①的相互持股比率在 25%～30%。

高比率法人持股一方面具有很强的稳定性，但另一方面法人对投资对象长期的稳定的持股所带来的结果是：法人在买入上市公司的股票后一般是几年甚至几十年不予转让，这种长期持股的现象结果导致二级市场上流通的股票减少，而流通股票的减少诱使上市公司的股价极易遭到机构投资者或大头资金的操纵，在这种情况下，作为大股东的法人为稳定其持有的上市公司的股价，减少投资对象的不合理波动，保持其投资的价值，往往“出手相助”而顺势炒高自己投资的企业的市场价格，这种倾向往往就会导致股票市场形成泡沫。学者们也看到了这一现象并指出了这种现象的后果——这正是日本 20 世纪 80 年代后期证券市场出现“泡沫经济”的缘由之一。

（二）以机构持股为主的股权结构

日本的机构投资者主要包括基金投资公司、信托公司、商业银行、保险公司等，对于这些机构投资者，其投资与法人投资是性质上完全存在差别的投资方式。众所周知，法人投资者在持股后往往就成为最终的持股者，但机构投资者却不一样，机构投资者在市场交易过程中往往不是基于自我的资金进行交易，而是接受将资金托付给机构投资者的最终投资者的委托来进行交易的。显而易见，这里面包含着委托与受托的关系，这种投资（实际上是委托）的性

① 六大企业集团为三井、三菱、住友、芙蓉、三和、第一劝业。

质决定了，被这种资金所投资的企业其股东带有不同的持股目的。具体来说，法人投资者进行投资的目的在于构建稳固的投资关系，而机构投资者进行投资的目的则主要在于通过资本结合获得投资收益。不言而喻，投资目的不同势必导致持股行为的不同。这也形成我们经常看到的法人持股稳定性强而机构投资者经常调整投资结构的投资格局，法人投资者的年周转率往往不到10%，而机构投资者则会适时把握市场行情，随时出售或购进企业股票，因而基金投资公司、信托公司、商业银行、保险公司等这些机构投资者持有的股票往往周转率极高，表现出非常强的流动性。也正是机构投资者的短线买卖行为，使上市公司的市场表现在一定程度上呈现出不同的结果。总体来看，法人持股和机构投资者持股在市场稳定性方面形成了鲜明的对比，前者持股的上市公司股票被大量锁定，因而在证券市场上实际流通的股票数量少，上市公司股价表现出很强的稳定性，与整体经济态势的相关性不强。但机构投资者持股的上市公司表现出很强的流动性，其市场表现与整体经济态势的相关性比较强。

在西方国家，上市公司的股票主要集中在机构投资者手中，比如美国、英国，其他的西方国家也大多属于这种股权结构。世界银行1996年的统计数据显示，截至1995年底，美国的机构投资者持有上市公司股份的比例达到了1/3以上，这也可以由市场交易方面的数据加以佐证——美国的交易所如纽约证交所、纳斯达克证券交易所等交易所中，机构投资者至少完成了股票交易量的九成。

（三）以部分股票流通为主的股权结构

采用这种类型的股权结构的主要是我国，在我国，按持股主体来划分，上市公司的股票分为国有股、法人股、个人股等，因而股东的持股方式相应被划分为国家持股、法人持股和个人持股。在20世纪90年代初期，当时资本市场刚刚建立，出于市场容量的需要以及国家对某些行业和企业保持控制地位的考虑，证券市场上市的企业的股份被人为地分割成两种类型——其中一种类型是可以在二级市场上流通的，这部分股份被称为流通股，另一种类型是不能在二级市场上流通的，这部分股份被称为非流通股，其中非流通股主要由国家持有和法人持有，流通股主要供二级市场的个人投资者交易和持有。

二、按照持股集中程度与持股主体的结合进行分类

将持股集中程度与持股主体结合起来考虑，理论界和实务界往往按照四种主要的类型来划分各国的股权结构，分别为集中型、分散型、家族控制型和内

部人控制为主。

（一）英美分散型股权结构

在资本市场建立最早的美国和英国，企业的股权是比较分散的，在理论界和实务界中，类似于美国和英国这种股权分散的模式又被称为外部控制主导型股权结构，美国、加拿大和英国的企业都是这种股权模式。这些国家的资本市场建立比较早。这种股权结构模式的特点主要在于以下三个方面：

首先，企业的股权结构比较分散。以美国为例，从20世纪70年代到90年代，美国上市公司的股权结构中单个投资者持有股份的比重一直很高，有数据显示，20世纪90年代初期，美国的单个投资者持有上市公司股份的比例为51.5%；不过，美国的证券市场从20世纪70年代以来出现了另一个倾向——金融保险机构、养老基金、共同基金等机构投资者持有上市公司股份的比重不断跃升，在1970年，这一比重为9%，到1990年，这一比重达到了36.5%。不过纵使机构投资者不断壮大，但对于某一特定的企业而言，机构投资者拥有的相当数量的股票仍不能占多数，可见美国上市公司股权分布的分散程度，La Porta（1999）指出，在美国，单个机构投资者持有某一家特定的公众企业股票的数量仅占其全部股份的1%左右。20世纪90年代以来，美国保险机构、养老基金、共同基金等机构投资者持有股票的比重在不断上升，但美国证券市场的总体情况仍然是个人投资者持有绝大多数上市公司的股份，也就是说，美国上市公司的股权结构仍然是分散的股权结构。英国资本市场上企业的股权和美国很相似，都是分散型的股权结构。Shleifer和Vishny（2000）指出，20世纪90年代下半期，在英国的大型企业中，有173家企业只有一个大股东，在这173家大型企业中，仅13%的企业其大股东持有的股份超过1/4，仅6%的企业其大股东持有的股份超过一半，仅1%的企业其大股东持有的股份超3/4。

其次，外部治理机制（以股票市场为主导）在企业治理中发挥着重要作用。在融资结构上，采用分散型股权结构的公司其资金来源主要是股权融资，债务融资比重不高。比如美国，大多数公众企业的融资主要靠股权融资，企业的资产负债率一般不超过36%，这相比德国和日本上市公司往往60%左右的资产负债率来看，显然要低得多。在美国和英国上市公司的资本结构中，银行向企业供给的资金也不多，企业对银行的债务在其全部债务中的比重远远小于日本和德国的企业。这种股权高度分散的股权结构和股权融资为主的资本结构也带来了与其相适应的股票的高度的流动性和高度发达的股票市场，从而为收购机制（外部接管市场）作用的发挥提供了绝好的条件。这一方面推动美英国家形成了发达的证券市场，产生了成熟的经理人市场和劳动力市场，另一方面使得中小股东们可以通过间接的市场手段对处于企业日常经营管理内部的经理人的在职消费和偷懒行为造成无形的压力，从而构成有力的外部威慑，这对企业经营的高效和公司治理机制的规范具有推动作用。

最后，美国、英国和加拿大等国家的治理结构采用的是单层式董事会制度。在采用这种股权结构模式的国家，股东大会、董事会及首席执行官构成了上市公司的治理结构。需要注意的是，英美国家上市公司的治理机构与内部制衡体系中并没有要求设立监事会，但这并不意味着这些国家的企业不需要监督，而是因为有独立董事及按照议事职责设立的各专门委员会对监督职责的履行起到了重要作用。在公司治理领域，独立董事的优势是得到了市场和各界公认的——在专业知识和业务素质上具有经验优势，有利于做出科学合理的判断和决策。在判断问题的独立性上，因其身份的独立性而能够保持先天的独立性，从而面对各种决策可以站在客观、公正的立场上进行分析，不带有对某一利益集团的偏向，最终代表全体投资者的权益。从此可以观察到，在美国的企业其董事会的独立性是很强的，在董事会内部，代表各方权益的各个董事之间的权力结构也是比较均衡的，这有利于保持企业的管理团队处于全体投资者的监督和约束之中。在美国还有一个特点，那就是美国的上市公司往往构建了规范的薪酬体系和激励体系，比如在高级管理团队中推行股票期权制度，使管理者有机会转变为所有者，进而把投资者的利益和管理团队的利益有机结合起来，最终激励经理人的目标与公司的利益和股东的利益趋于一致。

美国当今分散的股权结构，是建立在社会高度法制化的历史与现实基础上的。关于这一点，马克·洛早就有所强调，他指出，现代美国公司一定程度上出现了“强管理者，弱所有者”这一显著特点，但经济和技术并不是导致这种状况的唯一因素，在这个过程中，法律和政治的影响也同样是不可小觑的。需要强调的是，在美国爆发第一次金融危机之前，企业股权结构方面的主要特点是股权集中，大股东持股比重比较大，面对大股东过于集中的权力，美国SEC做出了一个决定——限制企业股权的集中，这其实也是美国资本市场长期以来股权集中导致了人们对股权集中的金融权力的抵制的结果，这也导致美国企业形成了与德、日等国家的企业所完全不一样的所有权模式。当然，正如经济与政治的其他关系一样，美国出台的这些管制措施也映射出政治体制与法律传统等因素对美国企业股权结构带来的影响。无独有偶，除了美国，英国也颁布了多种法规限制银行、保险公司等集中持有上市公司股份，甚至规定银行、基金公司等投资者必须严格遵循英国的谨慎性原则。比如，英国规定，商业银行如果欲取得某家上市公司较多的股份，则必须事先向英格兰银行申请，获得批准后才可以购买该上市公司较多的股份，而对于一些机构投资基金如养老基金、保险公司资金、互助基金等，进一步明确它们持有单家上市公司的股票比例的上限为其资产总额的2%～5%。不仅如此，英国历来不允许投资者为了控制某家企业而持有该企业的大量股份，这在内部交易法中进行了明确规定。

（二）德日集中型股权结构

这种模式是其他一些欧洲大陆国家、日本和德国广为采用的股权结构，这种股权结构整体比较集中，由于企业内部的经营者能在决策中发挥重要作用，因而又被称为内部控制主导型模式。这种股权结构的特点表现在以下几个方面：

首先，股权结构整体上呈相对集中的结构。比如，对于德国的公众企业，流通股份中只有10%～20%的部分由个人持有，而工商企业和银行等持有上市公司的大部分股份。20世纪末期，Franks和Mayer两位学者对德国20世纪初的170家最大的公众企业的股权结构进行了统计，结果发现，在德国，80%以上的企业的第一大股东持有的股权比例在1/4以上。1999年，Edwards和Weichenrieder对德国102家大型的上市公司进行了对比，结果显示，其中46家企业的第一大股东所持股权比例占企业总股份的一半以上。日本的情况也比较类似，包括实业公司和金融机构在内的法人控制着公众公司的大部分股份。据统计，日本上市公司法人持股的比例在1951年为32%，而到了1960年，日本法人持有上市公司股份的比例接近一半（达到了49%），70年代这一比例再进一步提高到55%，80年代再进一步提高到65%，到了90年代，日本上市公司的股份有71%持有在法人手中。日本的另一种现象是，法人投资的具体形式往往为集团内的企业循环持有股份或交叉持有股份。日本资本市场研究会进行了统计，结果显示，日本全国的上市公司股票中有超过1/3多的股票掌握在大型法人手中，并具有相互持有的特征，这就是公众所称的“法人资本主义”。

德日集中型股权结构的第二个特点是企业的控股股东拥有绝对的控制权。我们观察到，拥有企业重大事项决策投票权的德国的信托或银行拥有上市公司的多数实质性权力与真正的控制权，其公司治理一般采取双层式的董事会结构。日本公司的董事会则主要由企业内部人员组成，一般由交叉持股的公司对企业构成约束或监督，当然持股的银行也会对企业进行监督。特别值得一提的是，在日本和德国，股票持有人通过对企业重大事项甚至日常经营的监控机制自然而然地形成了一种“主动型”的公司治理架构与“积极型”监控模式。具体来看，主要是由那些通过控股地位而获得对企业的监督权力的大股东来行使来自投资者的监督权力，并且往往是由作为控股股东的银行依其对重大事项的考量来对上市公司具体实施控制与监督，同时也对聘用的经理人在经营管理过程中的具体执行情况进行监管，这自然保障了股东对公司进行控制与监督的权力。通过考察德国的企业发现，大部分流通股东委托银行作为代理人，不过需引起注意的是，在个人投资者中，90%左右的投资者并未发表自己的意见。在德国，个人投资者本可以将自己的发言权委托给代理银行，但现实中个人投资者对发言权进行委托的极少，因而这种情况下，德国的银行身为上市公司的股东可以顺理成章地根据银行自身的意愿来对上市公司事务进行表决。这最终的经济后果是这样一种结局——德国银行所掌握的实际控制权比其所持有的股票所代表的控制权要大得多的状况。身为企业的大股东，银行对上市公司具有较强的控制权，所以一旦大股东对管理团队的日常经营存在异议，股东们是不需要像英美国家上市公司的股东那样“用脚投票”的，德日上市公司的股东可以“用手投票”直接表决撤销管理者团队的行为甚至辞退管理者团队。这显然是一种典型的内部控制主导型模式，不过，日本和德国的公司治理具体还是有明显差异的，主要表现在，德国上市公司的治理结构呈现出典型的双层式董事会制度，一层为管理董事会（执行董事会），另一层为监事会（监督董事会），这意味着德国上市公司业务的执行和对业务执行的监督是相互分离的。在两层董事会中，负责企业的日常经营管理活动的是执行董事会，这也是上市公司的执行机构，实际上相当于美英等国家的管理者团队。在董事会下面，一般会设立监督董事会，这是股东权益和职工权益的代表。为了对监督董事会的地位进行明确（实际上即明确其权限与职责），德国通过颁布公司法对此进行了明确规定：负责任命和解聘执行董事的是监督董事会，监督董事会还可以按企业章程对执行董事会的投资活动与经营活动进行监督，包括对企业的财务状况和企业资产进行核对，监督董事会还有权力在必要时提议或者直接召集股东大会；对重大事项做出决策（如超额贷款等可能引起企业股本增减变动的事项）。由此可以看出，对于德国企业，股东对企业行使控制与监督的权力是通过监督董事会这个机构行使的，监督董事会拥有聘任与解雇企业高管的权力。在监督董事会的组成上，其人员的组成具有两个鲜明的表现，第一个表现是作为股东的银行在监督董事会中占据主要位置，其股份具有较大的比例，因而银行在企业的治理中发挥着重要的作用。一份来自 20 世纪末的报告指出，在德国最大的 85 家企业中，监督董事会的职位被银行占据的有 75 个，银行还在

35 家企业的监督董事会中担任主席职务。第二个表现是在企业的监督董事会中职工代表要达到一定的比例。1976 年德国颁布的《参与决定法》明确规定，企业职工在 2000 人以上的，职工代表必须作为监事会的成员，并且职工代表占监事会成员的比例至少要达到一半。

在一定意义上，日本企业的治理结构与美国企业有些相似，比如公司组建股东大会、董事会、经理层三个层次，大多数并不设立监事会，执行总裁则具有双重身份，第一重是董事会的重要成员，第二重是法人股东的代表。不过，日本的企业一般都设立独立检察人，也就是监事。前已述及，日本企业法人持股是比较普遍的现象，因而日本企业的董事会成员中，股东代表不多，董事会成员中高级管理人员占多数。在日本上市公司中，董事会并不是行使监督权力的机构，日本企业的管理者团队大多会形成一个机构——常务委员会，通过这一个机构，管理者团队可以实质性地对董事会的运行进行控制，日本企业中，董事会组成成员主要来自企业内部的各厂、部的领导。

德日这种相对集中的股权结构，也是由其历史文化传统和法律制度共同促成的。与美国和英国对比来看，德国和日本在发展程度上应该是后进的资本主义国家，这首先表现在德国和日本的历史传统所一贯形成的金融寡头资本主义及对垄断资本主义的大度和忍耐，当然德国和日本采用这种发展模式也是为了实现对美国和英国的追赶，所以定位为跨越型的发展战略。我们可以看到即使在当代，德日也一直未对金融机构和股东持有上市公司的股票份额进行任何方面的管制，德日也未对法人与法人公司之间的交叉投资给予约束，这就自然而然地形成了现在我们所看到的德日国家上市公司集中型的股权结构。同时，日本的官方并不限制商业银行对企业持股，只不过其反垄断法中明确规定了一家银行对一个企业的持股必须控制在 10%以内，后来日本又将这个规定进一步降低，目前这一比例为 5%。相对于日本的这一限制，德国在这方面的规定更显灵活和宽松——殊不知，在德国，一家金融企业投资任何实体企业时可以持有多大份额的比重以及金融企业集中投资一家企业的比重均未受到任何规制。

（三）东亚家族控制型

英美也好，德日也罢，企业的股东主要为法人，但在东亚和东南亚的大部分区域，家族控制型模式是企业广为采用的股权结构，比如中国香港和台湾地区，菲律宾、新加坡、泰国、韩国等国家上市公司股权结构的显著特征为企业的控制权牢牢掌握在个人或家族手中，个人和家族同时控制企业的董事会进而掌握着企业的决策权。对于东亚和东南亚国家（或地区的）的这种家族控制模式的企业，两权（所有权与经营权）往往很难实现分离，因而，上市公司的实际控制权主要掌握在家族成员手中。以中国香港为例，来自世界银行的统计结果显示，1994 年，香港上市公司的董事会平均持有上市公司 43.5%的股份，而 10 个最富裕家族的股份则占香港交易所总市值的接近一半。

这种模式的公司股权一般都集中在创业者家族手中，因而有部分企业从原来非公开上市的家族式企业转变成为向公众募集资金的上市公司，企业的格局也成为多元化的，不过上市公司的控制权仍始终被家族成员或家族企业掌握着。对于这种模式的上市公司，日常经营权和投融资决策权是一致的，这些权力均掌握在家族成员手中。在这种情况下，家族成员担任上市公司的重要职位，家族会以控制人的身份全面地对上市公司的投资和融资决策进行决策，家族还可能会渗透到上市公司的日常经营管理中，这种公司治理模式是典型的股东与经理层合一的治理模式。比如香港上市公司的经理往往持有企业不少的股份。

这些地区之所以选择家族控制型的股权模式，主要是由于亚洲传统的儒家文化的传播与影响，上市公司的管理者团队会受到来自亲情和家族利益的双重激励和约束，这也导致了东亚或东南亚国家（或地区）独特的商业模式的形成，业界将这种商业模式称为儒家资本主义。不过需注意的是，这种商业模式并没有带来经济运行的高效率，我们可以很清晰地看到这些国家或地区并不是经济都很发达，而且呈现出一个显著特点——在经济运行以及社会的发展与运转中，政府也就是国家部门发挥着非常重要的影响力，这影射到经济领域则表现为政府与家族企业在这些国家或地区是存在紧密的接触的。

在东亚国家或地区，家族控制型模式往往还被视为一种内部监控和外部监控同时存在的股权模式，这种股权模式的优点在于作为一个家族的股东，其凝聚力很强，因而基本上可以靠家族的强凝聚力和家族的齐心协力来解决股东与经理人之间的代理问题。纵使也可能导致家族经营中的独裁和排斥专业经营团队的问题而导致家族控制过度，但这都是围绕企业的控制和经营所发生的问题，因而不会形成大的风险和问题，对企业效率的影响和对企业生命力的影响不会太大。这种模式最主要的障碍缘于身为大股东的家族相对于处于企业外部的分散的中小股民而言，作用力度不一样，相互之间的利益也不一致，这导致的后果是处于信息优势的家族股东可能会侵占外部中小投资者的利益，尤其是在不健全的法律体系和监管体系之下家族控股存在很多便利，这无疑会阻碍经济的竞争程度以及交易的活跃程度，从而对证券市场的发展和进步以及成熟带来不利影响。

（四）内部人控制为主的股权结构

“内部人控制”最为典型的国家非俄罗斯莫属，其次是东欧国家。最早提出“内部人控制”这一说法的是青木昌彦教授，1994 年，美国斯坦福大学的青木昌彦教授对俄罗斯以及各东欧国家的企业进行了深入的考察和分析，以一个全新的概念——“内部人控制”（insider control）来描述俄罗斯和东欧国家企业的股权结构。随之青木昌彦教授对其含义进行了阐发，当时他先将“内部人控制”置于私有化的企业，再与国家控制的企业进行比较。青木昌彦教授指出，对于私有产权的企业，内部人拥有着企业的多数股份（甚至是绝大多数股份），如果企业产权的性质为国有，那么企业重大事项的决策也是依据内部人的意志做出的，毋庸置疑，公司内部人的意愿和权益是能得到体现和有力的保障的（青木昌彦，1995b）。青木昌彦教授的这一观点指出了“内部人控制”现象的存在并分析了“内部人控制”产生的实质。此后，青木昌彦教授进一步剖析了“内部人控制”的危害，他指出，这种现象意味着，对于一个企业，其经营管理团队本是独立于投资者的外部人员，但由于经营管理团队处于公司的日常事务中，所以他们掌握着企业的实际控制权，也就是说，企业的重大事项的决策能充分体现经营管理团队的意志，经营管理团队甚至可以联手企业的职工来共同谋取薪酬之外的本属于股东的利益。这带来的后果就是经营管理团队（或者经营管理团队与职工）架空企业，取代投资者对企业的控制权，规避了投资者的监督。

在 20 世纪 90 年代，俄罗斯的大中型企业进行了股份制改革，在改革过程中，股份公司的所有者身份多样，既包括国家，也包括外部人、金融实体和非金融的法人，还有经理人员和职工。鉴于这一现实，在俄罗斯的企业中，委托代理关系涉及的主体主要是企业的内部人、外部人和控股的国家部门。在这些关系主体中，企业的经营管理团队拥有着企业的多数股份，所以经理人员的利益得到了强有力的保障（青木昌彦，1995b），这意味着内部人掌握了公司的控制权，而且是依法掌控的。

苏联解体后，俄罗斯进行了一场深刻的改革——颁布了私有化方案，基于这个方案，企业需将股份的 51%出售给企业的职工，再公开拍卖剩下的 49%，或者让国家拥有所有权，国有资产委员会对职工购买企业股票的价格进行了规定，为票面价值的 1.7 倍。这样操作的结果是，表面上来看，企业的所有权为职工所拥有，但事实上对于职工而言，企业的股份是相当分散的，以至于职工是难以体现自身的所有权的，管理人员多以各种手法恶意压低价格从职工手中廉价收购股票，最终使得相当份额的股份被企业的管理者阶层逐步集中起来。俄罗斯联邦经济部20世纪末分三次（1995年、1997年和1999年）调查了工业企业的所有权结构，数据表明，在开始调查的前一年即1994年年初，俄罗斯大多数企业的多数股权是由管理人员拥有的。而到了1994年中期，对于俄罗斯的大中型股份制企业，外部人、内部人和国家拥有股份的比重分别为15%~25%、60%~65%以及15%~20%。但是半年之后（1994年下半年以后），主要由于国家财政赤字的影响，俄罗斯企业出现了现金出售企业股份的浪潮，被称为现金私有化阶段，原因在于国家希冀通过企业的现金私有化来筹集资金进行弥补，同时可以加强公众投资者对于企业治理的作用。20世纪末期，外部人、内部人和国家拥有股份的比重仍保持在42%左右、46%左右和7%左右。有数据指出，在企业的实践中，外部投资人拥有公司股权的比重更少，就俄罗斯全国来看，外部投资人拥有的股权平均为32%左右，但就单个企业而言，外部股东拥有企业多数股份的情况不到整体企业总数的1/5（19.8%），不过，由于职工持股比重下降，内部人持股比重整体呈下降趋势。

三、按照股权结构复杂程度及控制权与所有权偏离程度进行的研究

在公司治理领域，复杂组织结构有两个重要的特征，其一，终极控制人对企业的控制呈多极格局，其二，终极控制人拥有的控制权与所有权（又称现金流量权）不相等，存在两权偏离。这两个特征是有关联的，具体体现在：终极控制人采用的多层级的控制结构造成了其所有权与控制权的偏离，也正是因为这两个特征及这两个特征之间的这种关系，学术界和实务界往往将所有权与控制权的偏离视为终极控制结构的最基本特征。对于这种特征，La Porta等（1999）和Claessens等（2000）进行了深入研究，他们指出，大量的上市公司都有一个处于控制权顶层的终极控制性股东，这个终极控制性股东通过构建复杂的金字塔结构，或者通过隐蔽的交叉持股方式，或者与其他企业互派董事等复杂的所有权链条构造构成对企业的掌控，所有权与控制权的偏离也就在这种复杂的控制模式下出现。尤其要强调的是，这种偏离的最终结果是最终控制人所拥有的所有权不及其所掌握的控制权。进一步，La Porta等（1999）选取了包括美国、英国、日本在内的发达国家进行研究，他们在研究过程中考虑了控制权与所有权的偏离，并在研究中第一次对上市公司所有权的链条进行了追溯，试图经过追溯找出谁是拥有最终投票权的股东，他们也对不同国家的上市公司的终极控制人的所有权和控制权的偏离程度进行了对比。La Porta等通过分析得出结论，对于世界上存在投资活动的很多国家和地区，公众企业具有一

个共同特点，那就是都是被一个终极控制人控制的上市公司，这些终极控制人的身份大多为政府或家族。关于所有权和控制权的具体大小，La Porta 等发现，终极控制股东所拥有的控制权大于其投入的所有权，这能保证终极控制股东获取与其所投入的现金流量权不对称的额外收益。不过对这个经济后果检验后的结论显示，最终结论不显著，这或许是由于 La Porta 等的研究所选的样本所在的地区太分散。但是在理论界看来，这个不显著并不足以影响其他国家或地区上市公司的所有权和控制权存在偏离的结论。关于这一现象是否在东亚地区也存在，Claessens、Djankov 和 Lang（2000）进行了研究，结果显示，东亚地区的上市公司同样存在显著的控制权与所有权的偏离。需要强调的是，Claessens、Djankov 和 Lang 的研究在 La Porta 等的基础上，调整了研究的范围，他们将一般认为的股权高度分散的国家或地区进行了剔除，他们的研究范围包括东亚 9 个国家或地区的企业——来自中国的香港和台湾地区，属于亚洲“四小龙的”新加坡和韩国，以及日本、泰国、马来西亚、印度尼西亚和菲律宾。通过对这 9 个国家或地区的 2980 家上市公司进行调查，他们得出了关于这 9 个国家或地区的 5 个方面的结论，其一，这 9 个国家或地区的样本公司中基本的控制方式有两类，分别是金字塔控股和交叉持股。其二，对于新加坡的上市公司、日本的上市公司和印尼的上市公司，控制权超过现金流量权的现象很普遍。其三，2/3 以上的上市公司，其最终控制权由一个单一的股东掌握在手中。其四，对这些国家或地区的终极控制人的身份进行进一步的考察可以发现主要是家族担任着这些国家或地区上市公司的终极控制人，在全部样本中，有四成以上（45%）是家族作为上市公司的终极控制人，仅日本低一些，在日本，家族为终极控制人的比例为 9.7%。其五，六成以上的企业经理人员是最终所有者的亲属，只有极少量的上市公司其终极控制人与经理人员不存在任何关系。有人指出，Claessens、Djankov 和 Lang 的研究有突出的贡献，他们最大的贡献在于仔细对比了东亚 9 国或地区上市公司的所有权与控制权的偏离程度，更重要的是，他们设计出了一个衡量上市公司的所有权与控制权偏离程度的指标 RCV（ratio of cash-flow to voting rights），他们将 RCV 的计算公式确定为所有权除以控制权，这一结果越接近于 1，上市公司的控制权与所有权的偏离幅度就越小。他们对东亚 9 国或地区上市公司的所有权与控制权的偏离程度进行了计算。

对于东亚 9 国或地区，代表两权偏离度的 RCV 平均接近 75%（达到了 74.6%），甚至有中国香港地区、日本、泰国、马来西亚等 6 个国家或地区的 RCV 的中位数为 1，足以见得东亚 9 国或地区上市公司的现金流量权与控制权完全呈偏离状态。

沿用 Claessens、Djankov 和 Lang 的研究思路，Faccio 等（2002）对欧洲地区上市公司的所有权结构进行了类似的研究，结果也比较一致，除爱尔兰、英国等少数国家外，在欧洲地区，家族作为上市公司最终控制者的比重占一半。由此可以看到，对于现代大多数国家的公众企业，它们都热衷于构建复杂的所有权结构。Faccio 等指出，家族是现代大多数国家的公众企业最常见的终极控制股东，也有一些国家或地区是由政府担任公众企业主要的终极控制股东。这印证了 La Porta 等（1988）所指出的，20 世纪 80 年代以来，在一半以上的国家，很普遍的现象是企业的所有权呈集中态势。1999 年，La Porta 等进一步详细地观察了全球 27 个经济发达地区的规模最大的企业，这也是第一次追溯挖掘企业所有权的链条以找出企业的最终控股者，他们的结论是这种现象普遍存在。所以由此可以看出，在全球的经济体中大多数的情况是公众企业受最终控制者控制，而且这个最终的控制者是唯一的，同时在性质上是政府或家族。OECD（1999）的研究报告也显示，绝大多数 OECD 国家的大股东持股比例都很高，而且欧洲、美国和加拿大企业的所有权结构也高度集中，同样的特点是大多数的企业是处于一个复杂的组织结构中，存在一个最终的控制者。

理论界和实务界向来都比较关注最终控制者的身份。Claessens（2000）的研究发现，在东亚国家，家族作为最终所有者的企业在六成以上。Chernykh（2005）对发展中国家的情况进行了详细考察，结果发现，对于发展中国家的公众企业，其最终控制者主要是国家。Gadhoum 和 Hentati（2006）的研究进一步发现，在欧洲一些国家也存在类似的情况，只是最终控制人的身份不一样。对于资本主义萌芽早的英国，情况类似于美国——公众企业的所有权则大多由公众持有，爱尔兰企业的最终所有者也属于这一类。而德国、瑞士等国家，超过半数的公众企业其终极控制人为家族。

四、关于中国企业复杂组织结构的考察

现阶段，中国的资本市场处于新兴加转轨的特殊阶段，中国企业尤其是公众企业的股权和控制权问题一直受到国内外理论界与实务界的高度关注。借用 Claessens 等（2000）的研究思路首次涉及企业的终极控制权并对公众企业的所有权构成进行考察的要算刘芍佳、孙霈、刘乃全。刘芍佳、孙霈、刘乃全（2003）（以下简称刘文（2003））认为国家统计资料中关于企业产权的性质的界定不是很准确，从而不利于明确企业的终极产权所有者，尤其是关于国有或法人身份的界定。比如，上市公司年报披露的股权结构中没有国有股，但这

并不必然表明企业不被政府控制，因为虽然企业统计的股东没有国有股，但若追溯到企业的终极产权所有者，则大多可以观察到不少上市公司的最终控制者为政府。另外，关于法人股的分类，明显存在掩盖终极所有者的现象，这也会导致对包括国有与民营企业在内的不同身份的误导，由此以往许多关于控股类型影响企业业绩的文献也值得推敲。刘文（2003）以 1997—2000 年的数据为样本，首次应用终极产权论，通过调查和大样本数据整理，对 1997—2000 年我国沪深证券市场的企业的最终控制主体以最终控制人的身份为标准进行了分类，并指出，对于经济体制和经济环境比较特殊的中国，接近九成的公众企业其最终控制权直接或间接地掌握在政府手中。通过对政府控制方式的进一步研究，他们发现，政府直接控制的比例为 8.5%，政府间接控制的比例为 75.5%，完全不由政府控制的比例仅 16%。正是由于这些学者的研究与推动，我国自 2003 年开始要求上市公司在年报中披露最终控制人。叶勇、胡培、何伟（2005）撰文指出，我国目前对企业股权的界定标准存在无法追寻上市公司最终控制者的缺憾，这显然会影响围绕上市公司股权结构或者公司治理等相关问题的研究，在考察时应追溯到终极产权所有者对上市公司的最终所有权并按最终所有者的身份进行分类，一层一层“剥洋葱”查找到上市公司的最终控制人，这样的研究才是有说服力的。

随后，赖建清、吴世农（2005）也沿着这一思路进行了持续的考察和研究，发现了与刘文（2003）同样的结论，从而为刘文的观点提供了进一步的佐证。有意思的是，有学者观察了由政府最终控制的公众企业的变化趋势，叶勇、胡培、黄登仕（2005）的研究结论指出，21 世纪以来，我国企业整体上呈现出的特点是政府作为最终控制者控制的比重表现出了比较明显的下降趋势。混合所有制改革之后，这种情况会进一步加重。

王化成（2004）指出，在中国致力于发展资本市场和建立现代企业制度的过程中，产权主体的多样化和相关者利益主体的多元化逐渐成为这个阶段中国公众企业的特点。这一特点的直接表现就是公众企业的所有权结构不再那么单一，而是越来越复杂。

刘文（2003）不仅首次采用了 Claessens、Djankov 和 Lang 对终极产权进行追溯的思路，而且首次对我国公众企业的终极控制人的身份进行了重新分类，继刘文（2003）之后，对我国上市公司的复杂组织结构进行考察的文献也逐渐丰富起来。

张蕾（2004）沿着终极控制权的思路，按行业分类进行了考察，她的样本选择为上海证券市场的原材料行业和消费品行业，研究结论涉及终极控制人的平均控制权、控制权层级、组织控制主体、控制权结构的发展趋势、行业控制权的差异、所有权与控制权的偏离幅度六个方面。关于终极控制人的平均控制权，张蕾指出，对于我国的公众企业，最终控制人对上市公司的控制权主要集中在35%左右，比所有权高出5%左右，平均持有44%左右的控制权，控制权与所有权的最大偏离幅度达到55.26%，不过控制权与所有权不存在偏离65%的样本公司。张蕾指出，所有权与控制权偏离的主要原因是终极控股股东同时兼任企业的董事长和总经理。关于上市公司控制权的层级，张蕾考察后指出，我国上市公司控制权的层级平均为2.2层，样本公司中控制权层级为2层的企业占70%，控制权层级为3层的上市公司占18%。对于最终控制人的身份，国资委身为最终控制人的企业占全部样本的60%，自然人股东身为最终控制人的企业占全部样本的17%。张蕾同时考察了复杂所有权结构的发展趋势，研究发现，在2002—2004年，对我国上市公司而言，终极控制人在逐渐调整所有权比例和控制权比例，调整的趋势是逐渐减少，有些终极控制人则逐渐采用更为间接的控制链条来掌控上市公司，因而观察结果发现，我国上市公司最终控制人的控制权从平均44.56%下降到平均43.87%，而且最终控制人股权偏离幅度（实际上为超额控制权）在逐渐加大——由4.82%上升到了6.53%，这与控制权层级的提升也是对应的。由自然人、政府作为终极控股股东的公司所占比例在逐渐加大，而国资委、社会法人、社会团体和其他类型的公司作为终极控股股东的企业所占比例在逐渐减少。关于各个行业的上市公司其最终控制人拥有的控制权的差异，张蕾发现，消费品行业上市公司其最终控制人拥有的控制权比例明显低于原材料行业上市公司其最终控制人拥有的控制权，前者为41%，后者为48%。从两个行业上市公司的两权偏离幅度方面来看，原材料行业公众企业采用的控制权层级较少，股权偏离幅度也较低。两个行业的终极控股股东的性质也存在差异，在原材料行业，上市公司中终极控股股东有一部分是国资委，并且这种情况占到全部样本的65%左右的比例，在消费品行业，国资委担任终极控股股东的平均为54%。从其他性质的终极控制人比较来看，各种类型的资产管理公司、社会团体等担任行业上市公司的终极控股股东的，消费品行业比原材料行业多。关于所有权与控制权的偏离幅度，研究指出，总体上来看，终极控制人通常持有较低的绝对控制权。自然人作为上市公司的终极控股股东时，控制权的层级最多，两权偏离的幅度也最大。

叶勇、黄雷、方丽（2005）按照终极控制人的身份以2003年的1260家上市公司为样本进行了考察，他们按政府、一般法人和家族对终极控制股东进行了细分，统计出了公众企业终极控制人的控制权在5%以上企业的控制权和现金流量权并计算了比值，尤其是对金融保险业的上市公司的终极控制股东情况进行了进一步细分。结果发现，在全部样本中，上市公司的控制权平均为43.70%，现金流量权平均为39.36%，因而现金流量权和控制权的偏离度为0.89。不过有意思的是，在金融保险业，就样本范围的8家上市公司而言，其现金流量权和控制权平均来看均为19.95%，两权偏离度为1.00，所以没有发生偏离。这个比较结果显示了金融保险业上市公司的两权偏离度和全国上市公司两权偏离度的平均水平之间的区别较为明显。关于终极控制人投入现金流的比例，叶勇、黄雷、方丽将金融保险业与全部行业进行对比后发现，金融保险业的水平低于全部行业的水平，在全部行业中，这一水平为39.36%，而金融保险业为19.95%，他们分析指出，造成这种差异的原因可能在于金融保险业上市公司规模大，且上市时间普遍不长，因而短时间内难以形成绝对控制股东。另外，当时金融保险业的样本仅8家企业，样本太少也会影响对该行业的分析。最终控制人拥有的控制权水平全国平均为43.70%，金融保险业为19.5%，全部行业的控制权水平是金融保险业的2倍多，我们认为，可能有三个方面的原因导致这个结果，首先，对于金融保险行业，企业的最终控制性股东平均来看只需投入19.95%的控制权就可以控制一家上市公司。其次，在金融保险行业，上市公司股权比较分散，大多不存在实质性的控制股东，原因可能主要在于金融保险行业企业的规模一般比较大，而且金融保险业行业性质上比较特殊。而在两权（现金流量权和控制权）偏离的水平上，全国平均偏离度为0.89，这意味着上市公司的现金流量权和控制权之间不存在明显的偏离，上文数据已经显示，金融保险行业上市公司的两权偏离度为1，其所有权和控制权完全相等。最后，金融保险业上市公司普遍没有上文所述的复杂结构下的控制股东，可以想象这种情况下一般是不会出现两权偏离的，所以这也应该是特殊的行业——金融保险行业较少言及控制权与现金流量权偏离的主要原因之一。

对于我国上市公司普遍存在终极控制人的现象，孙健（2006）解释为契约的不完备性，因为投资者之间以及投资者与企业之间的契约是不完备的，所以终极控制性股东通过董事会进一步控制了企业。孙健以2003年和2004年的上市公司为样本进行统计后发现，关于董事会中是否有终极控制人以及董事会中终极控制人的比重，2003年和2004年两个年份的数据显示，我国上市公司的董事会中，终极控制人所占的比例大多超过了一半，这意味着终极控制人拥有董事会中的绝对控制权，正是这种绝对的控制地位能够保证终极控制人得以从其利益最大化的角度出发来对企业的投资、经营等进行决策。孙健还考察了终极控制人的身份，结果发现，无论是2003年还是2004年，国有性质的终极控制人对上市公司拥有的现金流量索取权均显著地高于非国有性质的终极控制人，不过，对于非国有性质的终极控制人控制的上市公司，其最终控制人拥有的表决权与现金流量权之间偏离的现象更为普遍，偏离程度也更高。还有一点是，关于终极控制人身份与终极控制人拥有的表决权股份的差异，研究发现，无论终极控制人是国有还是非国有，终极控制人所掌握的表决权份额都是不存在显著差异的。存在差异的是，终极控制人为国有与非国有时，董事会中最终控制人所占的比例。国有的终极控制人在董事会中所占的比例显著高于非国有的终极控制人在董事会中所占的比例。终极控制人的身份也与董事会的结构和规模有关，当企业终极控制人为国有性质时，独立董事在董事会中的比重显著低于非国有性质的主体，国有主体的企业其董事会规模显著超过了非国有性质的主体作为终极控制人的上市公司。

关于家族控制的上市公司的情况也有专门的研究。路情（2006）选取了沪深证券市场121家家族控制的上市公司为样本，分别对家族控制的上市公司的最终所有权、终极控制权、最终所有权与终极控制权的偏离度做了系统的考量并进行了国际比较。研究发现，我国资本市场上的家族控制企业的最终控制人与全部上市公司的比较来看，在控制权比例上，家族企业的水平为全部上市公司的1/3左右，在所有权比例上，家族企业最终控制人平均拥有的所有权比例接近1/4，两权分离度平均为62.10%。这个结果告诉我们，在家族控制的企业，终极控制性股东如果想要掌握1个单位的投票权，只需投入0.621个单位的现金，也就是只承担0.621个单位的风险，至于拥有的收益，理论上来说，也是0.621个单位，但终极控制性股东完全可以通过其拥有的控制权而获取剩余收益。他同时还发现，关于家族上市公司的现金流量权与终极控制权之间的偏离度，我国在东亚地区是最高的。

吴昊（2006）以2000年和2001年的上市公司为样本，研究了治理环境和会计政策与上市公司的终极控制权的选择动机之间的关联程度，结果发现，在我国上市公司中，60%以上的上市公司由政府掌控着终极控制权。同样的研究还有罗正英、吴昊（2007）的文献，他们的样本取自2000—2001两个年度，统计发现我国上市公司终极控制人拥有的控制权平均超过了半数（55.97%），不过与当时整体企业的水平来看，对于一部分终极控制人为政府的企业，其控制权比例水平较低。按照追溯上市公司的终极控制人的思路与La Porta等（1999）提出的确认标准，也就是当终极人对上市公司拥有的控制权的比例不到20%时，则认为企业不存在终极控制人，罗正英、吴昊进一步将我国的上市公司进行了分类，他们结合我国终极控制人的身份将我国上市公司划分为政府控制型企业、非政府控制型企业和分散持股型企业三类。研究发现，在2000年，有5.17%的企业属于分散持股型的企业（终极控制权不到1/5），不过2001年分散持股性企业的比重增加了，达到全部样本的8.97%。对于最终由政府控制的企业占全部样本的比重，2000年和2001年均超过了一半，而且这两年是上升的，这与孙沛、刘乃全等（2003）研究指出政府持股比重下降的结论不一致，原因可能在他们只采用了两年的样本（2000年为68.96%，2001年提高到71.79%），同时，非由政府担任最终控制人的企业的比重则在这两年下降了——2000年为25.86%，2001年为19.23%，下降到了不到1/5的水平。

对以深圳证券市场2003年上市公司为样本所进行的研究来自叶勇、刘波、黄雷（2007），505家上市公司的数据显示，对于终极控制人拥有的所有权，平均水平为37.84%，而终极控制股东拥有的上市公司的控制权，平均水平为42.47%，由此可见我国上市公司终极控制性股东拥有的控制权平均超过所有权4.63%，而且均值检验结果显示这个差异是显著的。同时，通过比较不同法系的国家和地区的公众企业的现金流量权和所有权，结果显示，对于不同法系国家和地区的上市公司都存在终极控制人，但公众企业占有的所有权和掌握的控制权以及所有权和现金流量权的偏离在各个国家和地区是存在显著差异的。他们还发现了一个有趣的现象，通过对反董事权利指数的分析发现，在那些反董事权利指数较高的国家和地区，其上市公司的终极控制股东所拥有的控制权相对于反董事权利指数低的国家和地区的上市公司要低得多。进一步的，叶勇、刘波、黄雷从隐性控制论的视角考察了我国公众企业的所有权、终极控制权与企业价值之间的关系，结论显示，政府担任终极控制人时，终极控制权平均来看接近一半由政府所掌握，具体比重为48.25%，而家族作为终极控制人和特殊法人作为终极控制人的水平均低于这一水平，分别为35.87%和35.68%。事实上，终极控制人拥有的所有权也具有类似的特征。关于现金流量权和控制权的偏离幅度，从大到小依次为：家族企业，特殊法人，政府。沪深两个市场比较来看，关于最终控制人对上市公司的掌握程度，深市企业最终控制股东拥有的所有权和控制权均低于沪市企业，可见深市上最终控制股东投入上市公司的所有权和其取得的控制权均低于上海证券交易所上市的企业。同时他们发现我国的证券市场上，家族作为最终控制人控制的企业得到了较大的发展，比重占到整个证券市场接近20%。我国股权分置改革已经结束，面对股份的全部流通，叶勇、刘波、黄雷由此展望，政府也可能会出于降低成本，增加上市公司股份多元化等考虑减持股份，根据这个分析思路，由政府作为终极控制股东的情况会进一步减少。目前，股权分置改革已过去十多年，大量文献确已发现政府在上市公司的控股比例在下降。而我国正在稳步推进的混合所有制改革，也是要降低国有控股的比例，吸引民营资金等入股国家控股的企业。

关于民营家族企业的特征，武立东、张云、何力武（2007）根据 2002—2004 年的面板数据进行研究后发现，在我国资本市场上，大量的民营企业带有显著的家族企业特征，在民营的公众企业中，集团化架构和采用集团治理的企业数量更多，比例占到 72%。民营家族企业终极控制人采用的控制权层级有不同的情况。在开始股改时，民营家族企业控制区层级大多为单一链条，一般 2~3 层，这样的上市公司占全部样本的七成以上。我国民营上市公司终极控制人的控制权层级也有超过五层、控制链条也有超过四条的，这样的上市公司占全部上市公司的 0.74%。宋春霞（2007）同样对股改前的情况进行了分析，样本取自股改前一到两年（2003—2004 年），他们指出，在这两个年份，终极控制人所构建的控制链条平均 3.2681 个，不过控制链条最长的达到 7 个层级，最短的控制链条是 2 层。在东亚 9 个国家和地区，中国企业的股权集中现象是比较严重的，终极控制人拥有的现金流量权与控制权均超过了平均水平。不过我国上市公司两权偏离的现象比较普遍，只是两权偏离度要低一些，我国上市公司终极控制人对上市公司的控制权平均达到所有权的 1.6 倍，甚至有达到 27 倍的。这种两权偏离现象在民营企业中更为突出。具体细分产权性质后发现，国有与民营两种性质的上市公司其终极控制人的控制特征有比较显著的差异。在国有企业中，终极控制人拥有的所有权与控制权的份额都显著超过了民营企业，不过与国有控股企业比起来，民营控股企业的终极控制性股东占有的上市公司股票的份额远远低于国有控股企业身为终极控制性股东持有的上市公司股票的份额，这意味着，国有控股企业股权的集中程度更高。事实上，我们比较国有控股与民营控股企业两权偏离的程度后也可得出这一结论，我国国有控股企业的两权偏离程度显著低于民营控股企业，而且民营企业作为终极控制人的上市公司的数据本身就较低——相对于全球普遍知晓的控股水平，我国民营企业的平均水平更显低。

郑军、付强（2008）以德隆系为案例，对我国上市公司的“金字塔”结构进行了分析。1986 年创建于乌鲁木齐的一家小型彩色照片扩印店是德隆系的前身，注册资本 400 元。2004 年，德隆系仅仅经过 18 年的发展就成长为一家大型产业控股与金融控股集团，其领域不仅突破了国度的区界，还跨越了所有制的限制和行业的界限。众所周知的德隆集团一度成为我国产融混业经营的典范，也曾为我国规模最大的民营企业，被称为我国产业整合与资本运作方面的先锋。在高峰时期，德隆集团控股与参股的企业多达262家实业企业，在行业上，这262家企业涉足重型农业、汽车、汽车零配件、水泥、旅游业等行业。在德隆参股和控股的企业中，曾有6家上市公司被德隆集团正式控股。德隆集团在金融领域也有涉足，德隆一度先后控股和参股了信托公司、商业银行、证券公司、租赁公司等20家金融企业。在德隆集团最鼎盛的时期，共有14个产业被德隆系握在手中，德隆系跨越行业多，控制的资产也高达1200亿元。进一步的，郑军、付强按照“金字塔”控制结构理论对德隆系进行了分析，他们认为，企业的控制权应该由控制链条上最弱的环节来决定，而现金流量权则取决于控制链条上各所有者股份的乘积。众所周知，唐氏家族是德隆系的始祖，因而他们按此思路计算了唐氏家族在德隆系内的控制权和所有权布局，结果显示，对其旗下投资配置的所有权不到一成（6.80%），但掌握的最终控制权超过了两成（最终控制权比例为22.30%）。整体来看，唐氏家族整体以15.00%的现金流量权的投入实现了26.90%的控制权，接近所有权的2倍。其中，所有权与最终控制权和现金流量权差额最大的是天山股份，德隆集团对天山股份的所有权不到2%（仅1.88%），但最终控制权达到22.50%，是所有权的10倍多。他们的统计数据显示，德隆系的最终控制主体——唐氏家族对多家企业的控制均只花费了少量的现金，这一方面解释了德隆之所以能在短短几年的时间内实现快速扩张的原因，另一方面也暗示着德隆在对其他企业展开疯狂并购的过程中，并不具备与总资产相匹配的现金流，这为其后来的衰败埋下了隐患。在我国目前法制监管不完善且公司治理结构不规范的情况下，如果整体社会的投资水平远远不及控制权水平，同时某个金字塔顶端的控制主体又能完全实质性地控制大量企业在一人之手集中的话，上市公司的所有权与控制权的偏离程度会比统计数据所表现的结果还要大。正是基于这些隐患，郎咸平（2004）在深入挖掘德隆系的投资体系和资金往来后指出，德隆系走向末路是具有内在的必然性的。两年之后，李秉祥（2006）也以德隆系为案例进行了研究，指出，内部原因缘于德隆构造的准金融连续控股公司在风险传递过程中形成了“牛鞭效应”。需要注意的是，“德隆系”构建了一个准金融连续控股公司的模式，在这个控股模式之下，母公司要么以发债、借款等债务资金高杠杆地投资控制多家子公司，要么将某一家子公司或子公司的资产作为抵押品向银行等金融机构获取现金，依次对多个行业和企业进行控股，要么控制人将自身的资产（有可能是虚的资产）作为控股对象融资的担保，从而得以向银行套取资金后对其他行业或企业构成控股。由于精心的设计和复杂的担保链，德隆系的高杠杆和多层级的控股体系得以形成。在德隆内部，有的是上市公司，有的是非上市资产，有的由德隆国际直接出资设立，有些则由上市公司控股或参股。在上市公司和非上市资产中还夹杂着金融公司，最终使得金字塔状企业集团得以形成。

将金字塔结构按不同的标准分为不同的类型的是毛世平、吴敬学(2008)。第一种按照终极控制人是否可以对上市公司进行完全的控制来分类。按照这种标准分为完全控制型和非完全控制型。当控制权与现金流量权不发生分离时，为完全控制型。非完全控制型的金字塔结构是控制权与现金流量权发生分离，称为分离型控制结构，可见按照是否完全控制分类实际上也就是按照控制权与现金流量权是否发生分离进行分类。第二种按照终极控制人对上市公司进行控制而形成的金字塔的链条的数量来进行分类。按照这种标准分为单链条金字塔结构和多链条金字塔结构。对于经由单一控制链条的控制，称为单链条金字塔结构，否则为多链条金字塔结构。毛世平、吴敬学以2004—2005年A股涉农上市公司为样本发现，当上市公司的金字塔结构呈不同类型时，涉农企业的终极控制人拥有的控制权和现金流量权有不同的表现：涉农企业最终呈低所有权高控制权的结构，毋庸置疑这种结构下上市公司的两权偏离度也比较高。

叶勇、淳伟德、黄雷（2007）认为，企业的控制权和现金流量权的偏离主要是两种原因造成的，一是这些企业在IPO时不是整体上市，或者由于股权结构的构造而本身即存在两权的偏离，二是在IPO之后，其股权发生了转让，有新的股东或控制人入主。关于两权偏离度的影响因素，宋春霞（2007）选取2003—2004年上市公司为样本进行了研究，结果表明我国上市公司两权偏离度的程度主要受企业产权的性质等因素的影响，控制层级也与两权偏离度显著相关。具体地，企业规模越大、资产的可操控性越强，两权偏离的程度也越大。控股股东对上市公司持股比重增大时，企业的两权偏离度会下降。企业的规模和可操控性与两权偏离度正相关。最终控制性股东采用的控制层级越多、控制链条越长，两权偏离度就会越大。终极控制人的股权性质与两权分离度成反比，这意味着股权分置改革前两年即2003—2004年，按照产权性质来比较我国上市公司两权偏离度的结果是国有上市公司比民营上市公司显著小。宋春霞以主营业务收入现金比衡量企业的现金流状况，结果发现这一指标对两权偏离度具有显著负向影响，资本积累率（衡量企业发展前景）也对两权偏离度有显著负向影响。企业的现金流充裕时，终极控制人会加大对上市公司的投入，结果是提升了对上市公司的所有权比例，从而带来两权偏离度的降低。总体来说，在我国，终极控制人对上市公司现金流量权与控制权的选择主要考虑以下因素：第一，监管层制定的法律与制度安排。企业产权性质、控制层级与持股比例等方面，都会有相应的法律法规来加以约束和监督，比如对控股股东的最低持股限额进行规定等，这无疑会影响上市公司的两权偏离度。第二，企业的特征与表现。一般而言，在企业良性运营时，比如企业展现出良好的成长趋势与现金流状况时，终极控股股东会增大其对上市公司的所有权从而降低分离度。言外之意，要想降低企业的两权偏离度，一方面是从内部改变企业自身的运营与财务表现，另一方面是使用法律进行有效的监督和处罚，并制定一些政府干预措施。

赖建清（2003）对董事会中最终控制人的比重进行了统计，以反映终极控制人的影响。他用 BR 来表示，其计算公式为：1-最终控制人所拥有的控制权比例-董事会中其他股东代表所占的比例-独立董事比例。从上述公式可以看出，BR 衡量的是董事会中最终控制人所拥有的比例与最终控制人对上市公司的表决权股份两者的距离。当 BR 为正时，即最终控制人所拥有的比例超过最终控制人对上市公司的表决权股份时，最终控制人在上市公司的董事会结构中所占的比重比较大。不过，对于这一结论，孙健（2008）指出，采用这种方式计算的 BR 未能反映最终控制人的实际特征，也就是不能反映最终控制人所付出的成本（现金流量权）与所能得到的收益（控制权收益）份额。鉴于此，孙健提出应用一个全新的变量 CB 来衡量，他将 CB 定义为终极控制人拥有的现金流量权相对于终极控制人在董事会中所占的比例。孙健认为，CB 与 CV 所代表的含义不同，主要表现在 CB 考虑的是董事会中终极控制人所占的比例，而 CV 考虑的是名义表决权比例。面对不完备的契约，董事会掌握着企业的剩余控制权。对于这一点，赖建清也认同，赖建清明确指出，董事会中最终控制人所占的比例才能真实代表其对企业的实际控制力，正是基于这一考虑，我们在分析最终控制人对上市公司的控制权与现金流量权的分离程度时，CB 指标更有说服力。孙健的实证研究结果表明 CB 的优点在于其度量了最终控制人的控制权与所有权的偏离程度，相对于 CV，CB 有利于对终极控制人现金流量权与控制权的偏离程度的继续度量。实证研究结果也表明，在我国资本市场上，最终控制人对于上市公司是很普遍的现象，而且终极控制人的所有权与控制权的偏离程度大，所以虽然有些企业看似第一大股东并未形成控股，但由于其构建的复杂所有权结构而带来了超强的掌握程度，使直接控制人对上市公司的董事会可以产生足够的影响力，这也使上市公司的最终控制人对其有着较强的控制力，这类上市公司占相当大的比重。这也意味着终极控制人比控股股东更能反映控制的实质。进一步的，孙健指出，之所以会存在控制力如此之大的最终控制股东，根源在于企业处于多层级的控制链之中，直接控制人通过多层级的控制链获得相当大的控制利益，而控制成本却很低，因而终极控制人热衷于构造多层级链式结构来控制上市公司。

股权分置改革收官后，此方面的发现有了更丰富的经验证据。杨淑娥、韩志丽（2009）、韩志丽、史浩江（2009）考察了企业规模、预期收益、投资者保护等与金字塔结构之间的关联性，结果发现，对于大规模的企业和预期收益不高的企业，金字塔结构是最终控制者的首选，反之最终控制者则倾向于选择水平结构。在投资者保护较差时，金字塔结构也是最终控制者的首选，而投资者保护较好时，最终控制者会倾向于选择水平结构。张东宁、马昭（2011）集中考察了政府作为终极控制人的企业，结果显示，我国政府管理上市公司的方式倾向于采用金字塔形控股结构等终极控制方式。叶勇、胡培、何伟（2005）还考察了最终控制人持股的变化趋势，研究发现，除了终极控制股东无法识别的92家上市公司（占全部样本的7.30%），在最终由政府控制的上市公司（占全部样本的72.06%）中，最终控制人持股的比例呈明显下降的趋势。对于非政府控制的上市公司（占全部样本的20.64%），最终控制人持股的比例有明显的上升趋势。

第二节 关于控股股东代理问题经济后果的研究

一、控股权分散格局与控股权集中格局股权代理问题的争论

对于美国资本市场上大量存在的股权分散的上市公司，美国第一次金融危机之前（1932年），Berle 和 Means 即提出股权结构分散会导致经理人处于不受监督的状况，这对于股权分散的企业是很危险的，会导致企业价值降低，Berle 和 Means 的观点推动了20世纪30年代联邦证券立法的出台，这个立法的宗旨是保护分散的股东免受职业经理人对其所有者利益的侵占。企业股权的配置状况及其对企业与利益相关者的影响问题渐受关注。各界关注的范围，在20世纪90年代以前集中于那些企业股权分散的资本市场，比如英国和美国。中国建立资本市场以后，亚洲逐渐出现了经济发展的“四小龙”，其他地区的资本市场也有相当的发展，因而亚洲和欧洲其他国家也逐渐进入研究视野。经

过全球范围的研究，学者们观察到了股权集中的现象，最初的观察结论来自Berglof和Perotti（1994）以及Franks和Mayer（1995）对德国和日本的调查。此后，随着亚洲“四小龙”的出现以及各新兴市场经济和金融的发展，这些地区也有来自全球的资本。研究发现，在全世界的大部分国家中，企业股权结构集中是主导形态，这在美国同样存在。

理论研究和实践发展都证明，企业的股权处于分散状态并不是公司治理的理想安排，且无法根本性地消除或降低公司治理中的代理成本。La Porta（1999）采用全球资本市场的样本深入考察后指出，全球经济体中的大部分国家或地区，由于投资的专门化及对于投资效率的追求，绝大多数企业的股权都呈集中于控股股东手中的结构，而且控股股东通过复杂的安排使其以较低的投入获得了明显超过其投入水平的控制权。这种现象普遍存在，只是构建了特别完善的法律保护制度的国家才轻微一些，对于这种现象，企业代理问题的突出矛盾主要表现在大股东和外部的其他中小股东之间。研究结论显示，大陆法系国家的投资者保护普遍弱于海洋法系的国家。La Porta还分析指出，对于法律体系无法有效保障投资者权益的国家（或地区），有一种可以解决股东和经理人之间的代理冲突的替代机制，那就是公司治理结构机制呈相对集中的股权结构。

关于多个大股东的存在是否能给企业带来好处，Pagano（1998）认为，有着多个大股东的企业至少存在两个方面的优势，一方面，处于日常经营之中的管理者团队是需要监督的，当企业存在多个大股东时，各个大股东在关注自身利益时会对管理者团队进行监督，另一方面，股东的权利赋予其依据企业利益和全体股东利益最大化原则而在股东大会上表决从而以利于大股东之间的相互监督体系的形成，进而有效降低股权代理成本。无独有偶，Grossman和Hart（1980）同样指出股东分散的企业将导致企业经营成本很高，因为这种情况下一般是由全体股东直接来经营企业，他们对这种模式的成本和收益进行权衡后会发现，分散的股权结构会促使小股东采取“搭便车”的行为，这有时候会使企业的经营无以为继。对这种现象的探究和进一步挖掘使早期经典的研究所形成的股权集中对提高公司绩效有正面效果的结论在很多情况下不成立。

Grossman和Hart（1988）则对“一股一票”进行了肯定。他们指出，企业尤其是上市公司采取的议事规则遵循投资者的股份说了算的“一股一票”的模式，这种使投票权与投入挂钩的模式既能对防范某些控股股东利用控制权带来的道德风险进行监督，又有助于降低单个股东以侵害其他股东利益为代价而得到的控制权收益。可以观察到的事实是，目前在世界上过半数的国家，上市公司的最终控制人通过各种杠杆手段比如差额投票权的股票、交叉持股模式以及金字塔式股权结构等，使其对上市公司的控制权超过其投入的现金流量权，这种模式自然而然地导致了所有权和控制权的分离，最终形成对上市公司的超额控制。Warfield 等（1995）也发现了这种现象，他以家族作为最终控制人的企业为例进行辨析后指出，家族掌握的所有权和控制权产生了利益趋同效应，降低了企业的利益侵占效应。Gomes（2000）也认为，较高的所有权往往被作为一个身为投资者尤其是身为创始人的家族为吸引外部的资金而向市场所表达出的无意于控制权私人收益的一种承诺，为了吸引外部的资金，有时候一个精明的控制性家族愿意在资本市场上树立其不会侵占小股东利益的良好形象。

二、复杂所有权格局下的代理问题

近年来，更多的研究沿着另一条路径进行。随着资本市场上复杂所有权结构的出现及随之带来的终极控制人的产生，后续研究自然地过渡到终极控制权配置格局方面。Shleifer 和 Vishny（1997）指出，在不相等的控制权和现金流量权的格局下，通过复杂结构而拥有实质性控制权的股东有动机也因其绝对优势的投票权而有能力对上市公司的利益进行转移，从而给上市公司带来损失。由于最终控制性股东对这些损失只需按照较低的所有权份额承担，这导致的结果是控制性股东以其他手段转移上市公司的资源从中获得完全属于控制性股东的收益，但由此而给整个上市公司带来的损失则由全部股东来承担，控制性股东对这个损失可以仅按其所有权而承担一小部分。因此，最终控制性股东必然存在动机“掏空”上市公司，这种结果会对中小股东构成掠夺，这是由投票权和所有权的分离所带来的，这种分离必定加速控制性家族的利益侵占行为。对于这一结论，Bebchuk 等（1999）以模型加以了证明，结论表明，当所有权和投票权分离时，最终控制性股东对转移上市公司利润（通过关联交易等）攫取控制权私利存在更强烈的动机。这就是控制性股东依靠投票权侵占、掠夺中小股东利益以攫取控制权私利的“利益侵占行为”。

关于终极控制权配置格局的经济后果也有丰富的研究成果，这方面的权威成果来自 La Porta（1999）、Claessens（2000）与 Lemmon 和 Lins 等（2003）。他们的结论一致认为，企业价值与最终控制性股东所拥有的所有权呈正向关系，不过较高的控制权会导致较低的市场评价，同时他们发现，最终控制性股东的投票权与所有权的不一致会损害企业的价值，最终控制性股东的投票权与所有权偏离的幅度与其对中小股东的利益侵占方向是一致的。La Porta、

Claessens 的结论还证实家族控制导致投票权对市场的评价存在不利的经济后果。不过，这个影响程度因不同的经济体而具有差异，对于有些国家或地区，利益侵占效应会低一些。Nakamura 等（1999）考察了终极控制性股东进入企业担任日常管理职位的经济后果，研究发现，当最终控制性股东进入企业进行日常经营时，其对企业的利益进行掠夺的可能性更大，企业经理层也存在较强的动机掠夺控制权私利。一般的情况是，在控制股东能对一家企业构成有力的实质性控制的时候，他们还可以通过向其控制的其他实体转移资源而实现自利。

Claessens、Djankov、Fan and Lang（2000）对中国台湾进行了专门的考察，结论是，中国台湾的公众企业具有浓厚的家族特征，金字塔股权结构等比较盛行，这种情况下难免出现两权偏离问题。而且有不少的家族直接参与企业的经营与管理，因而其控制权得到了保障和增强，但也使这种股权结构下有能力和动机实施控制的控制人去控制公司的经营政策并对中小股东利益进行侵占。

Holderness（2003）的研究同样区分了现金流量权与控制权，Holderness 对企业的控制权收益进行了分析并提出了两种情况——控制权分享利益和控制权私利。控制权分享利益，即对于企业所有的股东而言，都统一按照其持有上市公司股权的比例来共同分享企业的收益，所以又叫控制权共享利益，也就是指对所有权的最终索取权。对于构建复杂所有权结构的企业，控制权私利由最终控制性股东独享，最终控制性股东所获得的超过其现金流量权的那部分利益，是以牺牲其他股东尤其是中小股东的利益为代价而换取的，面对控制权私利的诱使，控股股东有动机对中小股东利益进行剥削。Holderness 认为不仅仅是在构建复杂所有权结构的企业存在终极控制人有能力和动机攫取控制权私利，只要某位股东对上市公司拥有的表决权超过其对上市公司的投资，这种现象就有可能存在，比如 B 是 A 企业的一个大股东之一，B 在 A 企业的股份总额中占有 35%的股份，但是，对于 A 企业拥有决策权的董事会，能代表 B 利益的董事的表决权比 B 在 A 企业所占的股份比例大，比如为 45%。毋庸置疑，这种情况下，B 对 A 企业的投票权为 45%，而 B 对 A 企业的所有权份额仅 35%，投票权比所有权大 10%，这 10%就是控制权私利的来源。而对于存在一个或几个大股东且股份比较分散的企业，正如 Holderness 所指出的，控股股东出于对其投入资源的关注，只要有可能，是有足够的诱因对企业的经营进行管理的，因为这样可以获得控制权私利并拥有剩余控制权。此类企业实际上相当于处于股权高度分散的情况之下，中小投资者缺乏足够的能力去对企业的经营管理加以关注，因而控股股东得以安排经理层从而控制企业以获得企业的剩余控制权。

不过，Toolsema 和 Riyanto（2003）研究证实，当金字塔股权结构被作为最终控制人的最优选择时，往往表明社会投资者目光短浅，他们一方面未能察觉到企业可能存在的隧道挖掘行为，另一方面他们或许是不愿意承认利益被侵占，或许是低估了隧道挖掘行为的严重程度。只不过，现实经济生活中我们往往假设投资者缺乏足够的关于隧道行为的信息甚至假设投资者是短视的，毋庸置疑这有点不合乎逻辑。由此看来，金字塔股权结构之所以普遍存在，并不能完全由隧道挖掘行为来解释。因为一个理性的投资者往往会对隧道挖掘行为有所预期，基于这一预期，理性的中小投资者会降低对目标公司股票价格的评估。那么，这个股权结构复杂的上市公司的股票为什么还会有中小投资者去购买呢？Toolsema 和 Riyanto 指出，在很多国家，最终控制人的利益输送行为和隧道挖掘行为往往交织起来，这才是金字塔股权结构广泛存在的根本原因，而对于民营企业，金字塔股权结构盛行的原因则在于国家对投资者保护的法律体系太弱。Toolsema 和 Riyanto 把控股股东的利益输送行为解读为“逆向隧道挖掘行为”。他们分析指出，控股股东在某些情况下为了挽救濒临破产的下层公司，会选择对金字塔底层的企业投入资金，而控股股东的这一决策无疑会带来外部溢价效应——其对企业经营的改善会自然而然地提升上市公司的收益进而同时使中小投资者得以“搭便车”。通过这种内部“输血”行为，采用金字塔式复杂构造的系族企业，集团内的企业便得以避免破产，这无疑对广大的散户投资者具有较强的吸引力。对于社会投资者来说，控股股东于企业危难之际的支持行为就仿佛救命稻草一样，既能挽救上市公司，又保证社会投资者不至于血本无归。因而，在一定意义上，最终控制人或控股股东的利益输送行为往往被视为其对社会投资者提供的一种保险机制，正是因为这种保险机制的存在，因控股股东实施隧道挖掘行为而给社会投资者带来的损失则被理所当然地作为购买这种保险而支付的保费，正是基于这种逻辑，金字塔股权结构的企业才得以盛行，而且金字塔结构的企业总是不乏社会投资者的青睐。

其他关于股权结构与公司绩效的研究涉及私有化过程、所有权主体、管理层持股等。如 1995 年关于日本企业的研究结论指出，企业重组的速度会受到所有权结构的影响，当企业的所有权结构中存在控制性股东时，哪怕企业业绩下滑，其重组速度也很快，尤其是相对于不存在控制性股东的企业更显得快（Kang & Shivdasani，1995）。Boubakri 等（2003）对所有权结构、企业业绩以及投资者保护之间的相互影响进行了研究，他们的样本来自 20 世纪 80 年代至

20 世纪末实行私有化的 26 个新兴市场国家的 170 家企业，实证研究证实了私有化期间政府对企业的所有权比重在下降而且下降幅度很大，从政府手中接手这些所有权的既有当地机构和国内个人投资者，也有外国投资者。Boubakri 等认为，对于投资者保护弱的国家（或地区），所有者的身份对于企业经营绩效具有重要影响，同时股权集中能对企业经营绩效带来正向作用。当所有权集中在当地机构和国内个人投资者手中时，企业具有很好的经营绩效，因而所有者的身份和所有权集中是投资者保护弱的国家（或地区）公司治理的关键。进一步的研究结果表明，控制性股东的性质不同时，企业业绩也具有不同的表现。

另有大量研究讨论了管理层持股与企业业绩之间的关系。最早的研究来自 Kaplan（1976），他指出，企业高管人员持股能对企业业绩带来重要的促进作用。Jensen 和 Meekling（1976）也证实，高管团队持有的股份比例与企业业绩之间具有正向关系。进一步的，Leland 和 Pyle（1977）将高管人员持有股权比例对企业业绩的积极影响解释为信号假说（signaling hypothesis）。但 Ruback 和 Jesen（1983）指出，经理人员持有的股份过于集中时，他们有足够的诱因巩固其职位或谋取私利，从而有动机选择对企业以及投资者不利的方案而降低企业的价值。Morck、Shleifer 和 Vishny（1998）选取 1980 年《财富》500 强公司中的 371 家管理层持股的上市公司为样本进行研究，这也为管理层持股对企业业绩的影响提供了经验证据。他们的分段线性回归表明，管理层持股比例与托宾 Q 具有显著的非单调关系（在 0~5%，Q 值上升，在 5%~25%，Q 值下降，超过 25%，Q 值又上升）。

上述研究均回应了 Shleifer 和 Vishny（1997）所阐述的终极控制者拥有的所有权与控制权偏离（以下简称两权偏离）结构下，作为复杂所有权结构顶端的终极控制人有动机对上市公司实施“隧道行为”。之后，Chung 和 Kim（1999）、Claessens（2002）、Cho（1998）等证实了终极控制人的利益侵占行为。Gomes（2000）进一步证实终极控制人的侵占行为随现金流权比例的升高而有所收敛。

对于我国，众多学者也提供了大量控股股东通过复杂所有权结构、关联交易等方式来输送利益的经验证据。

Lee 和 Xiao（2004）、李增泉、任强（2003）、Berkman 和 Cole（2009）、Lee 和 Yue（2010）分别系统研究了中国上市公司控制股东通过过高地支付现金红利、担保等方式攫取公众企业利益的行为。纵观已有的文献，学术界对终极产权的讨论大多是结合其影响企业的程度以及公司治理的效应来综合进行分析的。作为我国国内首次应用终极产权论的文献，刘芍佳、孙霈、刘乃全（2003）基于控股主体的性质分类研究了不同终极产权类型下上市公司的经营绩效。他们对我国上市公司的控股结构采用一种不同寻常的标准来进行分类，最终分为四类，第一类按照国家控制方式分为国家直接控股与国家间接控股，第二类按照投资对象的经营特点分为国家控制与政府独资，第三类和第四类则分别按照经营多元化的程度和整体上市与部分上市分类。宋春霞（2004）研究发现，大股东拥有的投票权成果所有权时，就有动机挖掘上市公司的利益，因而他们通过利益挖掘而获得的控制权私利远远超过其按所有权比例而分担的损失，这时受盘剥的是中小投资者，控股股东则谋取了控制权私利。他通过选取 A 股市场 2003—2004 年上市公司为样本进行研究，得出两权分离度与关联交易状况成正比的结论。

张蕾（2004）分析了原材料行业和可选消费品行业终极控制权对企业业绩的作用方式。他发现，公司的绩效水平将随着控制权比例的提高呈现先下降后上升的 U 形状态，经营单元数也对终极控股股东的控制权产生 U 形的影响。

叶勇、胡培、刘波（2006）从终极控制和控制权收益的角度比较分析了计算上市公司大宗股权转移价格差异的控制权溢价方法、投标权差异的控制权溢价方法和 ST 公司的累计超常收益率方法，通过多个角度来考察终极控制股东控制权收益，分析了影响中国上市公司终极控制股东控制权收益的几个因素及其影响程度，并得出了新的结论。结果发现，在我国资本市场上，最终控制人对上市公司拥有的控制权溢价总体上为 28.30%，这一数据相比其他国家（或地区）来说是比较大的；企业的规模以及流通性、企业的盈利能力均对最终控制人获取的控制权私利具有显著负向影响，这意味着，最终控制人偏爱于投资体量小且在证券市场上流通量不大的上市公司。

崔学刚、谢志华、郑职权（2007）选取了配对样本来比较终极控制股东的产权性质与企业业绩之间的关系，结论表明，对于保护性行业，终极控制股东的产权性质对企业绩效不存在显著影响，而对于非保护性行业，终极控制人为民营身份的上市公司其经营绩效显著高于终极控制人为非民营身份的上市公司。康清妹（2006）运用终极产权论对上市公司的股权结构进行划分，通过考察现有的市场和法律环境下最终控制人的隶属关系来研究其对上市公司业绩的影响，研究发现，国有与私有产权控制的上市公司的效率不存在显著差异，但国有产权主体的不同动机和行为确实对公司绩效产生了不同影响。

叶勇、淳伟德、黄雷（2007）按行业分类考察了企业的投票权、所有权和企业业绩之间的关系，研究结论表明，不同行业企业的盈利能力存在比较显著的差异，平均来看，企业的净资产收益率为3.5%，具体到行业来看，高于平均水平的有采掘业、电力、煤气、水的生产和供应业、金融保险业、社会服务业、传播与文化产业五个行业。显而易见，这五个行业基本为垄断行业或者高收益服务产业，同时，这几个行业的现金流量权与控制权的平均偏离度也比较小。盈利能力（净资产收益率）显著低于平均水平的有制造业、建筑业、交通运输、仓储业、信息技术业四个行业，这四个行业绝大多数为传统产业，竞争较为激烈且利润非常低。同时数据显示，净资产收益率较低的行业整体来说两权偏离度均较高。毛世平、吴敬学（2008）对2004—2005年A股农林牧渔业的企业进行了考察，结果显示，金字塔结构的构建使终极控制人与其他散户投资者的冲突加剧。进一步的，毛世平、吴敬学对2004—2005年除金融行业外的上市公司进行了研究，结论为：金字塔结构会对企业价值产生影响，但金字塔结构是否为分离型结构时，企业价值受到的影响是不一样的，具体来看，分离型金字塔结构对企业价值产生的负向影响程度弱于非分离型金字塔结构对企业价值产生的负向影响程度，这表明最终控制人不一定要通过构建分离型金字塔结构才能掠夺中小投资者，非分离型金字塔结构下最终控制人同样可掠夺中小股东，并且掠夺的强度胜过分离型金字塔结构。

李秉祥（2006）对德隆系股权复杂程度进行分析后认为，民营终极控制人更有动机利用上市公司的借款、发行债券、融资租赁等举债为其供给控制权私利。武立东、张云、何力武（2007）采用民营上市公司2002—2004年的面板数据考察企业集团模式下最终控制性股东的具体行为并结合公司治理变量探讨终极控制人行为的约束机制。研究发现，在企业集团模式下，最终控制人获取控制权私利的成本会影响其控制权行为的实施，而公司治理结构则会对这种影响进行强化或弱化，从而起到调节作用。具体来说，当企业集团为民营性质时，终极控制人易于产生侵占上市公司利益的动机。主要原因在于，对于民营主体或个人作为最终控制人的企业，两权的偏离会降低终极控制人获取控制权收益的成本，因而最终控制人会追求控制权私利从而损害企业价值和中小股东的利益。民营集团模式下的金字塔股权结构会进一步诱发终极控制人对上市公司利益进行挖掘，甚至会构成这种壕沟挖掘效应的主要因素。在民营控股的上市公司，由于内部股东的存在尤其是由于内部股东参加经营管理，因此股权结构不会形成有效的制衡，内部股东如果有多个，则它们会形成一致行动人，以保证各个股东的行为充分体现最终控制性股东的意志，也最终保证最终控制人实施利益侵占的工具始终存在。在这种民营企业中，外部董事一般都能对终极人的行为进行有效约束并发挥积极的作用。更需要强调的是，外部董事不仅有助于加大最终控制人获取控制权私利的成本，而且还可降低最终控制人获取现金流收益的成本，从而在不降低最终控制人的前提下对其利益侵占行为进行抑制，这可以在一定程度上实现控股股东和中小股东利益的兼容。

路倩（2006）以我国121家家族上市公司为基础研究样本，研究发现我国家族上市公司的控制权私人收益的最小值为-85.66%，最大值为190.01%，平均值为26.56%。将我国家族上市公司的控制权私人收益水平进行国际、国内比较后发现，作为一个典型的大陆法系国家，相较于海洋法系国家，我国家族企业的控制权私利显著偏高，这也从一个侧面证实了大陆法系国家家族企业控制股东对中小股东的侵占较为严重。

赵卫斌（2008）分析了2006年机械、设备和仪表行业上市公司的终极控制人与现金持有的关系，研究发现，在现代企业制度下，公司的经营权与所有权发生了分离，由此带来了股东和经理人各自的利益偏好。正是由于股东和经理人利益偏好的不同，而股东和经理人都是理性经济人，因此经理人会更多地考虑其自身决策的最优，经理人的最优决策表现在现金持有上就是对持有更多现金具有强烈的偏好。

关于股权分置及股权分置改革对上市公司终极控制权的影响，黄雷、淳伟德、叶勇（2007）指出，股权分置改革存在限售期，当这个限售期结束后，资本市场则进入了全流通时代，在全流通的背景下，企业产权的转移以及企业的投资等都可以在证券市场定价与交易，企业之间的并购市场也必定会对最终控制人的决策产生影响。事实上，在这种考验更加严峻的市场环境下，大股东对企业的命运更关注，因而上市公司的利益与控股股东的利益具有更紧密联系的市场基础，大股东和上市公司也愿意给中小股东更多的话语权，所以中小股东的利益保护是有望得以提升的。但要注意的是，股权分置改革后我们仍必须对上市公司的终极控制权进行追踪，因为全流通市场上的终极控制权仍具有隐蔽效应。只有在对终极控制权进行分析并与国内外的文献及结论进行比较后，方能洞察企业治理的深层次问题，这无疑是当今公司治理领域和控制权研究领域的一个重要的考察视角。

关于掏空的“结构性特征”，李增泉、孙铮、王志伟（2005）认为所有权结构是重要影响因素。陈晓、王琨（2005）、王鹏、周黎安（2006）分别探讨了董事会独立性和公司所处市场环境的作用，其他更多的文献则从上市公司盈利能力视角进行了解释（徐晓东、陈小悦，2003；徐莉萍、辛宇、陈工孟，2006；Chen、Jian & Xu，2009；刘星、刘伟，2007；雷光勇、刘慧龙，2006）。

关于对大股东掏空的抑制和监管，叶康涛、陆正飞、张志华（2007）、王琨、肖星（2005）分别发现独立董事、机构投资者持股能在一定程度上抑制控制股东占用上市公司资金行为。郝旭光、韩松、马俊、贺小刚（2012）指出，由于监管理念的偏差，监管部门并没有很好地发挥保护中小投资者利益的作用。孙兆斌（2006）认为，掏空是世界各国控股股东的普遍行为，中小投资者的利益广受侵害，各种监管措施指向控股股东掏空的抑制，约束控股股东的行为成为共识。由于中小投资者很分散且缺乏监管动机，因此对于抑制控股股东的掏空行为，对其他大股东的限制和监督是最低的要求。

股权分置改革后，大股东及实际控制人的股权转让更为便利，但同时大股东及实际控制人的股份被稀释的可能性也更大，这必然引发我们思考全流通背景下大股东及实际控制人如何调整股权结构以获取控制权私利及如何监管等问题。刘浩、李增泉、孙铮（2010）对控股股东的抉择进行了推论，他们得出结论：如果控股股东无法顺利转让股权以体现其所有权收益，那么除了获取上市公司给予的现金股利，对上市公司进行掏空则成为控股股东的唯一选择。倘若控股股东得以顺利地并且低成本地转让其持有的上市公司股权，那么控股股东必定会对转让股权的利得与掏空上市公司的利得两者加以比较，在必要的时候，控股股东甚至会向上市公司输送利益支持上市公司以提高股权转让价格。李增泉、刘凤委、于旭辉（2012）认为，全流通的初衷之一是通过资本市场法则强化公司治理尤其是强化对控股股东的约束和监督，但普遍存在的与控股股东的实质性超额控制权相伴而生的高控制权是为控股股东获取控制权私利服务的，这无疑会弱化资本市场对控股股东的约束，也正是因为这种现状的普遍且长期存在，各国都致力于完善中小投资者利益保护的法规，这需在立法体系、司法执行、市场监管等一系列举措的合力作用下才能真正落实。

三、控股股东代理问题与投资者保护

控股股东侵占上市公司资源有损于中小投资者的利益，众所周知，中小投资者乃资本市场的主体，因而控股股东代理问题的存在必定会影响资本市场的良性运行。学界和业界均将控股股东代理问题与投资者保护问题视为同一个问题的两面。对于投资者保护问题，首先需对投资者保护程度如何测度形成共识，在理论和实践中对投资者保护的测度学者们基于不同的角度进行了一系列的探索，目的是将这一指标做到有效的量化，以便科学、合理地对投资者保护的程度进行评价。总体上来看，理论和实践中对投资者保护测度提出的研究视角大致有两类，分别为宏观的与微观的。宏观上来说，主要是指立法的视角，微观上来说，着眼于执法的角度。世界各国对于宏观领域的立法进行了大量的探索，最早的探索来自LLSV（1998），20世纪末，LLSV依照一些国家建立的投资者保护的法律，确定了相应的指数，在对指数进行评分的基础上测度一个国家的投资者保护水平，这是法律意义上的，进一步来说，是立法意义上的投资者保护程度。对于这个指数的设定，LLSV选取了三个方面的指数来量化投资者保护的程度，这三个方面分别是股东权利的确定、债权人保护的设定以及执法效率的保障。把这三个方面结合起来，LLSV提出了一套比例分值来量化投资者保护的程度。根据股东、债权人、执法等各自的性质，LLSV指出，股东的权利根据公司法律或公司章程中对于投票权、转让权、认购权等细目来确定，投票的形式应该多样，比如一股一票投票权、比例投票权、累计投票权、邮寄投票权、网络投票权等，转让权通过无阻碍出售权等形式来体现，认购权则主要是指优先认购权，此外还要考虑弱势股东特别是弱势的中小股东的保护机制、股东对抗董事会的规则、提议召开临时股东大会的机制等。债权人保护的设定主要通过企业债务的恶意拖欠以及隐形债务的隐瞒而给债权人带来的风险来衡量，比如有抵押的债权人优先获得偿还等。执法效率的保障则主要通过法制的规则、司法执行的响应速度、政府对契约的认可、政府的剥夺、执法部门的腐败程度等来衡量。遗憾的是，LLSV创建的指标仅有0和1两种情况，且指标的权重是同一个水平，这未免过于简化，难以体现不同类别不同性质的指标对中小投资者保护权益的影响程度。基于这些现状，Pistor等（2000）在LLSV创建的指标的基础上加入了防大股东、防管理者以及股票市场质量等指标。我国此方面的研究属沈艺峰较早。2004年，沈逸峰根据我国的现实情况增加了一个重大事项表决方式到股东权利的指标里面，同时考虑对上市公司进行约束的信息披露制度、送配转制度以及会计和审计制度等，毋庸置疑，这些制度都与中小投资者利益的保护紧密相关。21世纪以来，保护中小投资者利益的呼声日渐高涨，为此，我国证监会发布了加强投资者权益保护的法律文本（共50项），沈逸峰结合这50项法律文本设立了一套中小投资者保护的指标体系，并依据该指标体系对各个阶段投资者保护的程度进行了测量。此后我国学者继续在沈逸峰的基础上进一步探索，如许连行等（2006）创建的投资者法律保护赋值办法采用1992年到启动新会计准则研究的2003年间的68部法律法规作为中小投资者权益保护的依据，逐个项目进行比较后打分，在此基础上确定中小投资者法律保护程度。肖珉（2008）则基于法制的建立与法规的落实这两个视角来衡量散户投资者的法律保护，在肖珉的研究中，对于法制的建立，继续沿用沈艺峰提出的关于投资者法律保护的计算，而法规的实施则结合改革开放以来我国出现的执法和司法方面的典型事件来进行定义，肖珉同时考虑了政府的质量、法制的环境和司法的投入。而王鹏（2008）则基于法律制度及实施情况两个方面来衡量投资者保护程度。法律制度采用其他投资者法律保护条款来打分，法律实施情况的衡量主要来源于法律环境数据和信用数据。此方面的研究还有王克敏、陈井勇（2004）、姜付秀等（2008），他们分别以审计意见的类型和德尔菲法来刻画我国资本市场上中小投资者的保护程度。

第三节 关于控股股东代理问题治理机制的研究

一、法律政策制度对控股股东代理问题治理的作用

防范控股股东侵占的法律政策研究包括立法领域的研究和执法领域的探索。学者们一致认为，在政策层面要对目前的控股结构加以限定和调整，并结合行业的特征来展开，比如国家控股股份退出竞争性行业，着力培育机构投资者，监督和约束控股股东。

目前对于融资主体——上市公司推出了一系列监管制度，但对控股股东进行监管的较少，有学者已指出了这方面的问题。王道高（2008）指出，大股东也是资本市场的参与者，因而大股东要与公众企业一样被纳入法律政策监管的范围，这就要求首先在监管的总体设计上将大股东与公众企业一同监管，毕竟上市公司就是大股东控制的经济实体。比如在检查公众企业的治理结构时需同时审视控股股东的运作机制，在核验公众企业的会计信息时需同时审视控股股东的资产状况与经营质量等。

在执法领域，大量文献强调需增强惩治力度，对控股股东铤而走险的违法违规行为严加惩处，加大其违规成本，以构成有力的威慑。尤其是对于控股股东蓄意侵占公众企业资产进而侵害散户投资者利益的行为，既要通过法律法规切实保障散户投资者得到经济赔偿，又要给予严厉的惩治，在权利上限制控股股东肆意妄为，另外还要切实落实到责任人，对违规行为的责任人给以取消任职资格、行业禁入等惩罚。

二、市场对控股股东代理问题治理的作用

对接管市场的分析表明，被接管公司的价值在被接管后是上升的（Kay，

1994)。Martin 等（1991）研究发现敌意并购限制了公司内部人忽视利润和所有者回报的行为。另外，Demsetz（1983）发现，如果股东们的选择是分散的所有权结构，那么作为一种补偿，换来的是资本兼并的成本降低或者是在其他方面能促进利润的增长，因为，在一个“合乎理性”的世界中，除非还有抵消这些弊病的各种利益可得，否则各种分散的股权根本就没有容身之地。由于补偿作用的存在，因此可以说，实际中正是价值最大化的目标，在引导着公司所有权结构的变化，使之变得更加分散。

由于我国资本市场存在一系列内在的规定性，虽然我国资本市场进入了全流通时代，但我国全流通的资本市场与其他国家尤其是西方发达国家全流通的资本市场相比有着太多的异质性（雷光勇，2013；夏冬林，2014），相应的，我国股票全流通背景下控股股东的代理问题也有着自身的特点，我们需寻找适合中国特色的降低代理成本的道路（姜国华，2011；荆新，2012；吴溪，2013；叶陈刚，2014）。已有学者进行了大量探索，提出了一系列具有建设性的意见和建议。如李增泉等（2012）提出，即使全流通后的资本市场能提高对公司控股股东的监督和激励，但较高的控制权私利会大大降低这种约束力，因而需进一步完善包括政府行为、司法体系、产品市场等在内的一系列基本经济制度，同时大力培育充分竞争的经理人市场。于增彪（2012）指出，经理人市场的存在不仅能在收入、晋升、职业和职位上形成对公司中不尽职或素质低下的企业家的潜在威胁和竞争压力，而且有助于优秀的经理人才的发现。为此，应培育充分竞争的经理人市场，推进经理人职业化和市场化进程，通过市场机制实现对经理人的选拔、任用和解聘（李志文，2012；郝振平，2014）。

三、债务融资对控股股东代理问题治理的作用

在公司治理领域，债务的作用一直较少受到重视。由于资本市场尚很难达到强式有效，大股东的行为无法得到应有的约束，大股东与中小投资者之间的代理问题在各国或地区均较为严重。占有信息优势和控制权的大股东有动机也有能力牺牲中小投资者的权益而获取控制权溢价（control premium）。这种情况下，债权人虽能获得定额的利息收益，但由于债务本金收回的潜在威胁，债权人可能会对企业的投资以及经营等决策构成约束，从而体现债权人对内部人（大股东和经理人）的约束作用。由此，债务也可发挥对股东和经理人的监督作用，从而构成一种约束机制。最早基于此角度进行讨论的应属 Jensen 和 Kecklin，Jensen 和 Kecklin（1976）指出，为抑制股东的“肆意妄为”和经理人过度的在职消费和投资，可适度负债，引入债权人。因为负债会提升财务困

境的发生概率，而财务困境会使大股东和经理人（这两者均为企业“内部人”）失去其所依赖的企业进而失去利益根基，这正是对大股东和经理人而言的破产成本。毋庸置疑，企业破产的可能性是与资本结构中债务的比例正相关的，故而债务的存在有利于激励股东提升企业价值并激励经理人努力工作，这也正体现了债务在降低代理成本方面的作用。

当然，根据债务的治理效应理论，当债权人的权益（主要指收回本金的权利）不存在威胁时，债权人是没有动机去过问企业的日常经营与投资的。也就是说，债权人之所以能体现出治理作用，最主要的原因是企业的资金支付发生困境不能偿还到期债务情况可能发生。作为企业的控制人，控股股东是深谙这一道理的，因而理性的控股股东是不会让企业过度举债的，这意味着企业一般不至于举债过重而超过其偿付能力。当企业的举债不至于超过偿付能力时，债权人的权益是能够受到完全保护的，在这种情况下，债权人对企业的监督则会受到影响。因而，对于债权人利益不至于受到侵犯的企业，当大股东获取控制权私利时，债权人有可能置若罔闻。袁卫秋（2007）甚至认为，债权人出于某种目的的需要，也可能与大股东合谋来共同掠夺中小投资者的利益，这种合谋行为会带来双重恶果，一是中小投资者利益受损，二是金融资本使用的低效率。

此外，还有学者注意到，经理人往往偏好于扩大投资，即使投资后企业获得的收益将以股利等方式返还给股东尤其是大股东，但当企业存在债务时，债权人可能在企业资金支付困难时接管企业，这无疑可以有效遏制经理人的在职消费和过度投资从而保护股东的权益。Haris-Raviv 与 Stulz 进一步比较了债务对大股东的约束与其对经理人的约束的差异，他们指出，虽然大股东和经理人都不希望企业破产，但作为栖身于企业通过企业经营获取报酬并体现自我价值的经理人是更希望企业能持续经营下去的。综上所述，虽然学术界所讨论的视角不尽一致，但结论都比较一致地证实了债务所体现出来的积极的治理效应。

四、新闻媒体对控股股东代理问题治理的作用

新闻媒体作为信息传播与获取的主要渠道，对人们关注的焦点有极大的引导作用，同时对人们的情绪有极大的渲染作用。20 世纪 *New York Times* 等杂志在报道某生物制药公司获得抗癌药技术研发的突破性进展后，该公司在市场上的股价随即大涨 2 个交易日，5 个月后该公司再度因媒体的报道而股价大涨并超过了同行业其他企业的市场表现。事实上，该公司在这两个时间段并没有利好的业绩，但媒体的披露直接诱导了市场的关注与追捧。媒体对负面消息的披

露带来企业股价快速并连续下跌的案例也不鲜见，足见媒体的作用之强。

不过，Griffin，Hirschey 和 Kelly（2011）研究指出，媒体的报道对于不同的企业其影响是有差异的，具体来看，对于诸如个人投资者持股比例高、分析师覆盖少且异质性波动明显的小盘股，媒体的影响最为显著。研究还发现，在不同的国家，媒体的作用效果是不一样的——金融媒体覆盖面广、信息环境发达国家，虽市场信息释放比较充分，投资者比较成熟，但媒体报道的市场反应也很强。Griffin，Hirschey 和 Kelly 认为原因可能是信息不发达、经济发展水平不高的国家存在另一个特点，那就是内幕信息比较严重，从而使其上市公司的信息在媒体披露出来之前就以各种方式“泄露”出来而被市场“消化”了。

张圣平、于丽峰等（2014）考察了我国五大财经媒体的报道数据，发现媒体报道可以引导投资者的注意，从而在一定程度上左右企业的盈余信息在股价中的反映速度，他们指出，媒体报道具有选择性，我国的媒体以往多坚持正面报道为主，财经媒体也不例外，近年来，媒体更多地报道负面消息。

McCombs 和 Shaw（1972）指出，无论新闻媒体在报道企业的信息时如何选择性报道，有一点是无法掩盖的——媒体的报道会在相当程度上引诱市场的选择，这无疑会对公众企业和控股股东形成有力的监控。

第四节　研究述评

尽管国内外研究公司治理以及股权代理问题的文献很多，但这些研究仍存在两方面的不足：（1）对我国全流通背景下的股权代理问题研究不够，关于控股股东演变机理的研究及控股股东更低成本控制上市公司的研究更显滞后。（2）忽视了对全流通与股权分置两种股权流通属性情况下股权结构以及终极控制权配置的比较。本书认为，股权分置改革为我们深入研究我国企业的控制权配置问题提供了一个绝佳的外生事件，我们可以充分比较股改前后我国企业股权结构的变化，充分讨论股权分置改革这一外生事件带来的上市公司控制权结构的调整，厘清上海证券交易所提出的“小股东”的演进路径以及大股东演变为“小股东”过程中的应然与必然，进而提出治理对策。

第三章　几个基础性理论问题的思考

第一节　大股东代理问题与管理者代理问题

20 世纪 60 年代以来，信息经济学受到高度重视，信息经济学在经济问题的考察中产生了重大的突破——对信息对称和信息完全假设的放弃。依据古典的经济学理论的分析路径，信息经济学提出了以下质疑：一是信息的完全性。信息经济学在最早的研究中所提出的假设与经济现实是存在背离的，当然这种背离并不意味着信息经济学的理论体系要被全盘否定，而是在于信息经济学的假设是研究经济信息的基础，这也是其他经济理论研究的一般路径。在此，对信息经济学在最早的研究中所提出的假设与经济现实的背离进行具体分析。首先，人是具有有限理性的经济主体，在现实的交往与市场中，无论哪种情况下的主体都无法获知全部的信息，包括对市场的信息以及对环境的信息，更何况本身还有一些变数存在。其次在于，即使信息以不同的形式进入市场，但由于个体对信息处理以及理解的差异，加之个体的风险偏好，市场上信息的分布对于不同的市场主体也是不对称的。二是作为理性的经济人，经理人必然存在动机追求自我利益的最大化，在现实的交往与市场中，站在理性的角度，是不存在任何依据或缘由以证实经济主体是无私的。基于上述两个方面分析，信息经济学的进一步深化便催生了人们对委托代理的关注，委托代理理论也由此得以诞生。

对于现代的股份制企业，伴随着所有权和经营权的分离（也就是通常称为的两权分离），委托代理问题自然存在。对于股东购入股票，处于企业之外，企业由聘用的经理人经营而出现的两权分离现象，最早进行关注的是古典经济学的杰出代表亚当·斯密。在经济后果上，亚当·斯密对这种现象持悲观的态度。他甚至指出，由未对企业投入资金的非所有者把持并直接经营管理企业，这会导致发行股份的公司的经营效率不高。

不过，托尔斯坦·凡勃伦（1904）对企业所有权与控制权分离问题进行深入研究后，在《企业理论》一书中极力推崇企业所有权与控制权的分离。在托尔斯坦·凡勃伦看来，市场上存在具有专业优势和经营特长但没有资金的企业家，将企业交付给这些具有专业优势和经营特长的企业家，可以充分发挥专业优势和经营特长，提高组织的经营效率进而为整个社会增加产出。他以美国200家最大的非金融公司为样本检验了股权结构和控制形式之间的关系，结果显示，在现代企业制度下，企业尤其是上市公司不得不面对一个现实，那就是企业的控制权已经从产权所有者手中转移到了经理人手中。这无疑是20世纪经济领域最重要的变化。之后，钱德勒对美国经济发展的历程进行了经典型研究，并以大量资料论证了在现代化大生产条件下，随着企业管理实践与理论逐渐发展，优秀的企业管理能创造出比市场机制更高的生产力和更低的单位生产成本，最终他得出管理层级制的存在是现代公司的显著特征的结论。20世纪60年代，勒纳（1966）进一步证实了他们的观点。当时，对于西方资本市场，人们普遍认为，以大规模生产、复杂的技术创新和内部层级制管理为基础的现代企业，所有权与经营权的分离可以更好地实现物质资本和人力资本的结合。后人将企业在这一阶段的演变过程称为“经理革命”。

股份制度出现以来，企业的经营权与所有权实现了分离，而且，随着资本来源的广泛化，两权分离自然而然地代表着西方企业的基本特征，这种情况下，股东与经营者两个主体之间出现以下特征：

首先，所有者资金的投向呈分散化特征，同时所有者对企业的控制力下降。原因在于，股份制模式下，企业的股东数量庞大，股东来自各地，股东之间甚至素不相识，股东甚至会选择多个行业多家企业进行投资以分散风险。对于单个股东而言，其在企业占有的份额相当有限，股东之间易产生“搭便车”心理，这带来的后果一方面是使得股东对企业的控制力度大大弱化，另一方面经营者的控制力得到提升。

其次，作为企业的经理人，其拥有的主权越来越强大。这实际上也就是历史上所著称的经理革命，股份公司的盛行标志着经理革命的完成，是经营者主权对产权主权取而代之而占据主导地位的标志，尤其是在西方。

最后，股东与经理的制衡。理论上，股东不仅拥有“用手投票”的权力，在产权流动性越来越强的时代，而且可以发挥“用脚投票”的作用。但不得不承认的事实是，经营者的主权越来越强大，降低经营者与所有者之间代理冲突再度引起人们的注意。

理论和实践领域均对上述问题进行了思考。Jensen和Meckling最早关注到现代公司制企业里伴随着产权与经营权的分离而产生的委托代理问题并进行了系统论述。普拉特和茨考赛对委托人和代理人进行了定义，从而在学术领域正式提出了基于委托人的委托授权而产生的代理关系。在现代企业理论里，这种委托代理关系主要是指所有者与经营者之间的关系。Jensen 和 Meckling 指出，在经理人未拥有所有权或仅拥有部分所有权的情况下，当经理人对工作很努力时，他需要全身心付出并承担全部成本，但作为被代理人的他仅可获得一小部分收益，反过来，若经理人选择“偷懒”或者对额外收益进行消费时，他得到全部好处却只需分担因其“偷懒”或消费额外收益而产生的损失的一小部分。在这种博弈格局下，管理层缺乏努力工作的热情，但对追求额外消费或“偷懒”却比较热衷，这种情况下就会牺牲企业的经营效率，使企业的业绩与价值降低，总体上来说会达不到管理层拥有完全所有权时的价值水平。这两种情况（管理者是否拥有完全所有权）下企业效率或价值水平之间的差异被称为“代理成本”。从数量上来看，当一个企业完全为管理者所拥有时会存在一个价值，而企业管理者仅拥有部分时（包括0）也会存在一个价值，这两个价值之间的差额就是代理成本。进一步的，Jensen 和 Meckling 分析指出，在代理关系存在的情况下，应采用适当的激励措施来推动代理人，同样也应采用成本分担等措施来约束代理人。对于所有权与经营权分离的现代股份制公司，企业所有者与经营者明显处于信息不对称状态，如何通过最优的契约安排减少代理成本，达到公司价值的最大化，是委托代理理论、也是现代公司治理理论研究的核心问题。事实上，委托代理问题既产生于股东与经理人之间，也产生于大股东与小股东之间，由于股权过于集中，大股东容易侵害中小股东权益。我们所研究的全流通背景下的控股股东代理问题也正是基于这一理论基础。

第二节　公司治理与产权安排

产权作为公司金融与组织问题的逻辑起点，其重要意义早已被经济学家所证实。在我国股份制改造及经济体制改革的特殊背景下，产权明晰尤其成为建立现代企业制度，提升企业绩效的关键。

一、产权的含义

关于产权的含义，目前学术界有不同的声音，但这些代表不同声音的研究成果都是通过相应的研究路径和理论范式逐步展开的，第一种研究路径和理论范式沿着马克思主义经济学理论及其所有权理论展开研究，第二种研究路径和理论范式沿着西方的经济学理论及其产权理论展开阐述。下文先对这两种研究路径和理论范式展开分析，在此基础上对中国学者关于产权理论的研究进行介绍。

1. 马克思主义的经济学理论及其所有权理论

产权就原义而言，是指财产主体由于其拥有的财产而具有的各种权利。马克思对于所有权的研究实际上就是对于产权的研究。作为马克思主义经济学的出发点，所有权、所有制的问题同时也是连通其经济学的主线。马克思经典作家对诸多问题的分析均是结合所有权与所有制进行的，因而在这个意义上完全可以说马克思主义对所有制进行分析时与其相联系的所有权的思想本质上就是马克思主义关于产权的思想。“人类经历了不同的历史时代，对于人类历史上的任何一个时代，所有权问题都是不可绕开的问题，所有权问题总是以不同的方式存在于完全不同的社会关系下。比如，要对资本主义社会的所有权问题进行界定也就是把资本主义社会的全部生产关系描述出来”①，而“私有财产则表现为生产力发展到一定阶段时的必然形式”。②

关于产权的定义，马克思强调必须分成不同的层次来进行分析，这里面至少有五个层次：首先，研究者们有时候提到的是产权，有时候提到的是所有权，其实两者是等同的。其次，对于最终的归属（主要指相对于上层建筑的归属），产权是根据上层建筑的法权而对应的权利，这表明，产权是对应于一定的所有制的，但与所有制比较来看，两者又有所不同。再次，产权是具有资本属性的，因而具有排他性和可交易性。从次，就表现形式而言，产权体现为社会中呈动态的生产关系之中所存在的收益权、支配权等权利。最后，产权是一个权力束，它将一系列资产权利包括在内。③ 可见，马克思经典作家是将所有权作为产权理论的核心，以价值规律为主线来研究产权关系的理论的，需要强调的是，这一理论是从人们之间的劳动关系入手的。我们已经看到，马克思主义基于生产力的发展和社会的进度，深入分析了各种产权对市场经济活动的合理性并提供了重要的基本理论。

2. 西方经济学理论及其产权理论

科斯（Coase）作为现代产权理论的创立者，对产权的研究开启了西方经

---

① 马克思恩格斯全集：第 1 卷［M］. 北京：人民出版社，1995：177.

② 马克思恩格斯全集：第 3 卷［M］. 北京：人民出版社，1960：410-411.

③ 参见杜国强 . 上市公司信息披露制度研究［D］. 河北大学硕士学位论文，2004.

济学尤其是现代制度经济学的转变之路。在科斯之前，关于现代制度经济学的研究一直由康芒斯的制度经济学所主导。科斯开启了新制度经济学研究的大门，经过一大批经济学家的发展，新制度经济学的产权学派由此形成。不过，西方产权学派成员众多，各产权经济学家对产权所下的定义也众说纷纭。但他们都有一个共同点，那就是一般都未谈及生产关系，也未提到所有制，更未深入考察财产权、所有权同生产关系和所有制之间的本质联系。总体来看，西方经济学关于产权最浅显的含义就是“个人使用资源的权利”,① 基于此，所有权是有广义和狭义之分的，从广义的概念上来说，所有权就等于产权，基于狭义的观点，所有权则仅仅体现为产权中的一个部分。

科斯关于产权概念的界定散见于科斯的著作中。科斯的特点在于引入了交易费用的概念并借以对外部性问题进行了研究，科斯十分强调资源配置中产权界定和安排的重要性，科斯的追随者将科斯的思想归纳为科斯（第一、第二）定理。科斯第一定理的主要内核为：无论初始产权是什么状况，只要交易费用为 0，那么通过市场进行交易就可以实现资源的最优配置。科斯第二定理的主要内核则为：无论初始产权是什么状况，只要存在交易费用，那么产权的界定必定会对资源配置产生影响。②

西方经济学派关于产权还有一个说法，产权即“财产所有权”，具体含义是指一个主体对于属于他的任何客体所拥有的完全权利。③ 除此之外，阿尔钦（Alchian）、德姆塞茨（Demsets）和 W. 尼科尔森都对产权有自己的定义，其中阿尔钦、德姆塞茨还分别发表了关于产权的论文：《产权：一个经典的注释》《关于产权的理论》。阿尔钦指出：“产权是主体对客体所拥有的权利，这种权利的行使可以让主体得以按其意愿实现对其拥有的具有经济价值的客体进行多种用途的选择。”德姆塞茨在对产权与作为产权载体的财产进行区分的基础上扩充了产权的概念。在他看来，产权可以界定人与人之间在交往（含经济贸易交往及其他交往）中如何受益与分摊风险与损失，也就是说，产权是用以明确一个人受益或受损的权利界限，因而，德姆塞茨认为，产权对于主体是相当重要的，其重要性就体现在它可以使产权的拥有者获得与未拥有产权的其他主体对其拥有的具有经济价值的客体进行交易的合理的预期与真实的享

---

① 埃格特森．新制度经济学［M］．北京：商务印书馆，1996：35.

② R. H. Coase. The firm，the market，and the law［J］. Chicago：The University of Chicago Press，1988：14-15.

③ David Me Walker. 牛津法律大词典［M］．北京：光明日报出版社，1998：729.

受。在这个意义上来说，产权作为一种权利，它是界定人们如何受益和受损的关系。

W. 尼科尔森关于产权的定义提到了所有权，他指出，产权包括两部分，一是所有权，二是所有者各项权利的法律安排。① 尼科尔森对产权的定义在目前西方存在着的各种关于产权的定义中具有代表性。

关于西方经济学流派提出的产权的含义及研究路径，刘伟等（1997）总结认为具有三个方面的共同点：第一个方面，一个主体所拥有的产权是排他性的权利，由于这种权利的存在，产权主体拥有对其客体进行平等交易的法权，如果产权主体拥有的客体是不能进入市场的特权，那么就谈不上经济意义上的产权。第二个方面，产权的出现可以体现主体相互交易的规则，这个规则是社会通用的基础性规则。第三个方面，产权不是孤立的，而是包含着一束权利，如上，可以将产权分解为收益、支配、处置等多种权利并统一呈现。这其实也是各个主体拥有各自经济物的一种结构状态。②

3. 我国学者对企业产权理论的研究

除了上述西方学者对产权的定义之外，我国学者对产权概念的研究也做了补充。刘伟、平新乔（1990）对产权的定义为："所谓产权，是指人们在各种市场交往中所体现出来的所有权，就内在含义而言，产权界定了各个经济活动主体对其提交到市场上进行交易的财产所拥有的权利而必须确立的界限。""从广义上来看，产权既包括所有权，也包括债权……从狭义上来说，产权仅包括债权……代表着市场运动中所有权的动态体现。"③ 张五常（2000）则从私有财产的角度对产权进行了解释，他指出，当且仅当一种物品或一种资产的专有使用权、收益权和财产转让权这三种权利与其所有权联系在一起时，产权才体现出对私有财产拥有的权利。这三种权利的具体体现是：资产的专有使用权实际上就是排斥他人使用的权利，因而资产的专有使用权决定了人们如何使用该物品；收益权就是人们对物品的使用所产生的收入的获取权；财产转让权就是把所有权便利地让渡给其他人或者转移给所有者认为合适的人的权利，这

① W. 尼科尔森．微观经济学［M］．北京：中国经济出版社，1992：97.

② 刘伟，李凤圣．产权范畴的理论分歧及其对我国改革的特殊意义［J］．经济研究，1997（1）：3-11.

③ 刘伟，平新乔．经济体制改革三论［M］．北京：北京大学出版社，1990：166.

里面也包括就物品与任何人签约的权利和选择签约形式的权利。张五常强调指出这些权利是相互关联的。张五常进一步通过以下三点给产权做了明确的界定：首先，产权必须是在明确规定的范围内，某种生产性投入的所有者可独自决定如何使用其投入并有权排斥他人，其次，产权所有人有权从其投入的使用中获得排他性的收入，最后，产权所有人有权转让财产（包括劳动），也有权与他认为合适的任何人进行交换，只要同时具备这三个条件，这种生产性投入就体现为产权，因为这就是投入者的私有财产。可见，在张五常那里，产权界定的范围是私有财产，他认为产权就是不受干预的收益享受权、使用权（或者是决定使用权）和自由转让权这三种权利的同时占有。

张维迎（1999）认为，合同、企业治理结构和企业所有权，是同一事物由具体到抽象的三级层面。丁建中（2000）则基于静态与动态两种不同的状态来进行解释。在他看来，从状态上来说，财产分为动态的财产和静态的财产两类。动态财产与静态财产的区别体现在用途的不同，当财产能够用于生产或增值时，财产就为动态财产；当财产仅仅用于生活消费或处于生产过程的终端时，财产则体现为静态的财产。基于流转属性来分析，经济主体对于动态财产所拥有的权利，包括人们在生产过程中对其客体的占有权和支配权、收益权等权利，从这个意义上来说，动态财产对应的权利又属于中介性财产权利。而静态财产则表现为一种终极的财产权利，从这个意义上来说，经济主体对于其拥有的经济物的静态财产权利，又属于终极性财产权利。毋庸置疑，中介性财产权利也好，终极性财产权利也罢，均体现为主体对经济物所拥有的狭义的产权，这些狭义的产权是包含于广义的产权之中的。在张维迎看来，产权就是现实生活中的中介性财产权利，人们有时候只不过是将终极性财产权利简称为所有权而已。张维迎进一步对产权和所有权进行了区分，这两者往往都被作为财产权利的简称，但这两者之间的区别也是显而易见的，主要的不同体现在：就一个财产而言，所有权是能够确定主体和客体的，但产权的主体和客体则不同——产权的主体可变换，其客体是不确定的。

何华梁（2007）采用层次法对产权的概念进行界定：第一个层次是要确定产权存在的基础（或称前提），体现产权的排他性。第二个层次则需结合具体客体或对象，明确产权对于具体客体或对象所表现的各种经济联系。第三个层次则需强调对产权边界的确定于产权主体的意义。如此一来，何华梁就将产权的含义描述为：产权是一种排他性的财产权利，里面内含着资源的稀缺性这一假设，由于资源是稀缺的，因此产权在实际经济联系中表现为权利束。①

二、产权的功能

马克思从生产、交换、分配、消费等一系列生产与再生产环节出发，通过对社会生产总过程中生产力与生产关系之间关系的剖析，将产权分析为跳出纯粹的对物的占用而延展到人们由于对物的占用而体现出来的权利关系。根据马克思主义对产权的含义的解剖，在马克思主义所分析的产权里面有一些共有的功能。西方经济学流派的产权理论还强调了人们因产权的存在而得以将各种外在性的权利内部化最终对收益做出分配的功能。西方经济学家尤其是产权学家向来强调产权的重要性，这可从德姆塞茨的著述中窥见一斑——“在现实生活中，产权是非常重要的，之所以重要，其原因在于产权具有的将外部性较大地内部化的重要激励功能，这使人们在经济交往中的行为得以有了引导”。德姆塞茨之后，西方经济学家将产权与效率的关系作为产权经济学的中心内容与核心思想，认为产权对效率的影响主要是通过产权的基本功能来实现的，并归纳出产权的效率功能：其一，引导人们实现外部性内部化，减少资源的浪费，同时最大限度地促进资源配置效率的提高；其二，构造人们在经济活动中的激励机制，促进社会生产经营中行为主体的工作积极性与产出效率；其三，减少经济交往中因产权未明确而产生的不确定性，推动交易的迅速达成以及经济效率的提升。在收益分配上，产权的功能体现为产权是具有经济价值的物的产权所有者对其获得收益并进行具体的收益分配的依据，也就是说，产权如何界定直接决定了收益将如何分配。可见，西方产权理论关于产权功能的核心思想是将资源配置效率确定的依据定位于产权的配置，这也就意味着，经济运行中将能体现出何种效率，将由该经济所处的社会对产权的安排所提供的个人激励来决定。

对于现今世界并存的两大所有制基础（生产资料公有制和私有制），西方经济学认为，生产资料属于公有将可能使经济运行中的租金完全耗尽，导致经济运行的低效率（思拉恩·埃格特森，1996），这也是当代西方主流经济学的观点。正如Shleifer和Vishny（1994）所指出的，将产权赋予国家，由于国家是一个机构，因此执行人并不代表自身，这会导致生产者对提高绩效没有积极性，执行者热衷于获取租金。反过来说，当产权属于个体，也就是让生产资料

① 何华梁．我国集体企业产权制度改革研究［D］．武汉：武汉理工大学博士学位论文，2007.

的所有权掌握在个体手中，这样的话企业的绩效才会提升，哪怕政府干预私有企业，强迫企业偏离高效决策的成本，但出于弥补国家或部门强迫生产者偏离高效决策的成本的一部分消耗，个体拥有生产资料的所有权会比公共拥有生产资料的所有权更有效。我国是生产资料公有制的国家，我国国有企业和乡镇集体所有制企业的绩效表明，公有产权及相应的公司治理机制并不一定弱于私有产权及相应的公司治理机制。对此，Qian（2000）也认为，只有当市场制度环境很完备时，私有产权及相应的公司治理模式才会优于公有产权。Wang 等（2002）、Chen 等（2002）对我国公众公司国家股权的变化进行了大样本检验，结果发现上市公司的业绩并未因国家减少持股比例而提升，也未因产权的多元化而得到提升。诚然，关于所有权安排对企业业绩的影响，不仅理论界高度关注，实务界也从未轻视。但理论研究中由于研究思路各异，研究假设、研究背景也不尽相同，因此所得结论始终未能一致。

对此，青木昌彦等（1995）指出，脱离一个国家（地区）的传统、习俗和各自不同的发展路径来考量产权或者所有制及各种产权与所有制模式下的经济运行效率是会有所偏颇的，这样得出来的结论对转型经济的指导也是缺乏说服力的，现实的做法是，认真考虑各种公司治理模式适用的特定条件，而对于转型经济，则尤其要考虑这些条件能否具备。

随后，Bebchuk 和 Roe（1998）从另一个角度进行了阐释，他们分析了企业的产权即所有权归属在企业发展中的路径依赖问题，他们认为，对于任何一个经济体（或地区），企业所有权的安排都是有着深刻的历史渊源的，也就是依赖于这个国家（或地区）最重要的路径，从而体现出路径依赖性。正是由于这种路径依赖的存在，任何一个国家（或地区）的企业所有权如何归属，这个问题并不是孤立的，它总是会在以往的历史路径中找到蛛丝马迹，对其早先的形式有所依赖，有时候可能会有不同的环境或历史事件而使这些国家（或地区）的企业以往的所有权结构形式发生了变化，或者眼下的具体形势与环境发生了变化，这种历史传统的影响依然会在相当长的时间内得到延续和保持。基于这种分析思路，Bebchuk 和 Roe 进一步指出有些国家或地区的所有制出现了趋同，他们指出，上述路径依赖性正是造成这种趋同的原因，他们将这些原因归纳为以下六个方面：思想观念、意识形态、文化、企业性质、市场差别以及政治倾向。青木昌彦、Bebchuk 和 Roe 的分析表明，对于经济主体的发展，尤其是作为市场主体的企业，影响其治理结构的主要原因之一可能是来自其所处的社会、经济等各方面的外部环境，因而我们对所有权与企业业绩之间关系的研究应考察具体的社会、经济等多方面的环境。

对于我国正在推进的国有企业改革，上述产权理论提供了重要的引导和思路，考虑到这种路径依赖性及产权与效率的关系，中国共产党经过广泛的调研和讨论，在十六届三中全会上明确提出了建立现代产权制度。这是我们借鉴西方产权理论所强调的对产权配置效率的关注而做出的决定，并对我国国有企业的改革尤其是产权制度的改革产生了重要的影响。对西方的产权理论和实践进行分析，客观评价西方经济学理论尤其是新制度经济学关于产权的研究与西方经济运行的实践，有利于我们通过大量具体的方法和丰富的正反面教材找到我国产权改革的途径和手段，这对我国推进“产权清晰”的现代企业制度的建立和完善大有裨益。但毋庸置疑的是，西方新制度经济学的研究是以私有制为核心的，以私有制作为既定的经济前提，他们强调产权私有等于产权清晰，这与我国的历史、传统和经济制度是完全不同的。本书以马克思主义产权理论为基础，结合西方产权理论中合理的具体内容，分析我国以公有制为主体地位的社会制度背景下，上市公司所有权的配置格局及其效率问题。

三、公司治理中的产权安排

企业的投资回报、经营效益直接取决于人力资本拥有者，而股东对企业的控制一方面在于通过选任和罢免董事会成员，因为“公司的各项活动是在董事会指挥下进行的”（伯利和米恩斯，1932），另一方面在于通过对重大投资、融资与股利政策行使投票权或发言权。由此，掌控企业控制权实际就是拥有关乎企业发展方向和发展前途的战略性决策权。股东对管理协调、签约效率的提高、信息传递效率的上升等具有直接作用，又对控制权成本（如腐败成本、权力斗争成本、政治性活动成本）具有深层次影响。

在现代股份制企业中股权契约的特性决定了企业所有权的配置，最主要的特征就是股权的所有权集中于股东，股东作为企业财务资本的供给者，其在法律意义上的股权收益是不确定的，也就是存在风险。现代企业无论是股份有限公司还是有限责任公司，均为有限责任制，在这种责任分配制度下，投入财务资本的股东按其所持股份比例获取企业的剩余收益（企业收入扣除其他所有固定支付后的余额）。由此可见，企业的剩余收益拥有者是股东，股东拥有企业的剩余索取权，需要注意的是，股东身为企业剩余收益索取者，拥有通过所持股份的投票权而获取剩余控制权的权利，因而对于公司制企业尤其是对于公众公司，股东对企业的权益是通过两种途径得以体现的，一是通过直接的内部控制，二是通过间接的公司控制权市场。直接的内部控制就是股东按其股份所对应的投票权，选择企业董事会的成员，进而由董事会选聘管理者，以将企业日常经营的决策管理委托给管理者来实施。董事会是股东用以监督和控制管理者的机构，当董事会发现管理者未能按法律上的义务对股东尽职尽责时，或者董事会认为管理者存在道德风险行为而使企业处于低效经营时，董事会则替股东更换管理者。当然，需要指出的是，要想让这种内部控制的有效性成分发挥出来，最主要的决定因素就是股权保持一定的集中度。股权集中的程度越高，这种内部控制的作用就发挥得越有效。可以设想，当企业的股份广泛分散在大量投资者手中时，对于这些仅拥有少量股份的投资者而言，他们通过直接的内部控制使企业高效率经营而获得的收益不大，因而普遍会放弃对管理者进行监督的权利，这也就产生了搭便车的问题。而倘若企业的股份集中于少数几个大股东手中，这些大股东从企业高效率经营中获得的收益较多，因而大股东就存在对管理者进行有效监督的激励，从而避免搭便车问题的出现。但如果企业的股权比较分散，也就是股东缺乏激励有效地行使对管理者的监督权利时，企业控制权市场则是有效地解决股东-经理人代理问题的途径，这就是第二种途径。企业控制权市场通过企业之间的收购、合并、敌意接管等方式来使企业实现高效率经营。

第三节　全流通与股权分置的比较

科斯基于企业的产生提出了交易费用的概念并从此角度分析了企业的产生。科斯指出，经济交往中必须发挥价格机制的作用，因此必须界定各种交易对象的价格，同时还需要确定经济交往中的每一项交易所需的谈判成本及签约成本，这也就是科斯所定义的交易费用。交易费用理论的核心思想是通过制度安排尽量减少交易费用。根据科斯的观点，交易费用客观存在，但并不意味着交易费用不可降低，正因为任何交易都有费用，所以经济交往中需找寻交易费用最低的交易方式。降低交易费用的途径很多，总体上是各经济主体之间均追求交易费用的最低，在经济交往中经济主体基于不同性质的交易来比较、筛选出最优的交易过程，目的则是节约交易费用。由此科斯就把对经济制度进化问题的研究转化为对与交易活动相适应的交易制度的选择与进化问题的研究。

科斯指出，企业组建起来后，在企业内部是存在组织管理成本的。哪怕因为组建企业而增加了组织管理成本，但与不组建企业而耽搁生产者与经营者在市场交易所产生的交易成本相比较，企业尚可以体现出交易成本的节约。这就突出了企业存在的意义——降低交易费用。在科斯看来，包含一系列组织机构而存在组织管理成本的企业，聘用劳动者从而与劳动者签订劳动契约，但这个劳动契约可以替代不组建企业而需发生的一系列中间交易或中间产品的契约，这实质上是用长期契约来消除若干短期契约，毋庸置疑，长期契约的交易次数少，管辖的区间长，而短期契约的交易次数多，管辖的区间短，因而长期契约的优势得以体现——通过契约数量的减少来降低交易成本，也可以调整契约内容，从而达到降低交易成本的目的。正是因为这里所体现出来的交易成本的节约，企业得以脱离市场而存在。科斯对于企业的安排也做了分析，企业作为一个由若干部门和员工构成的组织，其各个部门和员工之间是不需要存在市场交易的，企业各个部门运转由股东聘用的经理人来统一部署，这就无须价格机制，大多数情况下也谈不上市场机制。但是，一个现实问题是，在企业与其他企业的交往过程中，资源的配置则由价格机制来决定，众所周知，价格机制是非人格化的调节机制，市场价格的变动自然而然地决定生产的产品与产量。将企业内部和企业之外进行对比即可发现企业存在的缘由——企业内部各个部门和员工按照企业经营战略进行生产经营，为市场提供产品和服务，这些生产经营过程之间的交易不用出现，而企业只需将各个部门和员工生产出来的产品（或服务）提交到市场与其他企业进行交易即可，不妨称之为通过企业而达成的交易。试想，如果所有的产品或服务都由单个部门和个人进行生产，那交易的频次将比由企业提供产品或服务所产生的交易频次增加无数倍，生产的规模效应也无法体现，所以由企业向市场提供产品或服务而发生的交易成本相对于没有企业而由单个部门和个人提供产品或服务所产生的交易成本低得多。是否要组建企业来提供产品或服务，也就由究竟是组成企业来生产经营最终向市场提供产品或服务而发生的交易成本还是不组建企业而由单个部门或生产者向市场提供产品或服务而发生的交易成本两者哪一种情况的交易成本更低来决定，也就是对企业与市场两种协调机制相比较后进行选择，选择的依据在于比较通过市场定价的成本与依赖于企业内行政管理的成本。可以看出，科斯的企业理论或交易成本的提出是基于把企业作为一个交易主体，交易的是企业生产的产品或提供的服务，从而企业体现出了其在市场存在的必要性，也就是说，在科斯看来，企业也是具有市场协调机制的经济主体，企业之间交易的标的与市场交易的标的都是产品或服务，只是交易主体不同，企业本身具有行政协调机制，可以替代市场单个部门或个人进行交易。这也就是钱德勒曾说的“看得见的手”，这是市场中的另一只手。钱德勒指出，对单个个体的劳动进行交易其效率往往不高，而集中的经过组织管理的劳动生产的产品或服务到市场上进行交易的效率则要高得多，由此可以看到，组建成企业集中生产产品或提供服务，这是替代对劳动进行交易的制度创新。

威廉姆森（Williamson）沿着科斯的道路，对市场交易区分出了多个维度，比如资产专用性程度、交易的频率、不确定性的类型和程度，基于这些维度，威廉姆森分析了市场交易和企业交易两种情况下交易主体的特异性以及各自拥有的资产专用性程度。他认为，由于信息的不完全和交易主体的行为发生机会主义的可能性，企业作为一个相对于部门和个体稳定得多的组织具有长期存在的优越性，基于此威廉姆森构建起了新制度经济学的组织理论分析框架，这个分析框架就是企业理论或者组织理论。经过更深入的考究后，威廉姆森等人发现，无论是由企业进行交易还是部门或个人进行交易，交易的成本都是与交易的性质有关的，众所周知，交易的性质取决于资产的专用性程度、交易的次数和交易的不确定性，其中最重要的因素是由产品或服务决定的资产的专用性。作为交易对象的资产，其专用性程度越高，出于节约交易费用的考虑，越适合在企业组织内部进行，而当资产的专用性程度不高时，则适合由市场机制来完成。关于交易的不确定性与交易的性质，威廉姆森认为，交易的不确定性越大，越适合在企业组织内部进行交易，反之则适合提交市场来交易。关于交易的发生频率，当交易频率越高时，在企业内部完成交易相对于由市场来达成交易，其成本要低得多。

继科斯和威廉姆森之后，格罗斯曼、哈特（Grossman，Hart，1986）和穆尔（Moore，J.，1990）等人从交易费用理论出发对企业理论做了进一步的讨论。他们认为，企业是由其拥有的资产组成的一系列契约的结合体，这些事前签订的契约总是不完备的。进一步，格罗斯曼、哈特、穆尔结合企业契约的不完备性及企业与其内部的部门、员工之间以及各部门和各员工之间契约的不完备性，讨论了企业内部如何实现所有权的最优安排，经过充分讨论，他们最终的结论是合约具有不完全性，被称为不完全合约理论（GHM）。不完全合约理论的主旨是认为所有权是对企业资产的剩余控制权，即除最初契约所限定的特定用途之外的如何使用资产的权利。需要注意的是，一个主体对企业投入的资产是其专用性资产，但投资人的投资和企业的使用这两者本身都是不可证实的，可以看得透的是，对于任何一个企业而言，其必须拥有资产，这些资产也就是投资人的专用性资产，没有这些专用性资产，企业是不可能在市场上生存的，如此，被投资人用专用性资产“套牢”的企业就可能面对投资人事后发生机会主义行为，基于这种可能，投资人投入专用性资产之前的权利配置就显得格外重要，这也就自然而然地过渡到了产权结构安排的问题上来了。他们同时分析了资本主义社会的企业产权配置问题。一方面，企业的资产是资本家投入的专用性资产，但是，对于企业而言，其面对的是整个市场，这些专用性资产是如何形成的，这是无法被第三方证实的，这些无法得以由第三方证实的资产被投入企业之后其流动性极小，基于契约的不完备性，资本家会认为其对企业的投资是会面临严重的套牢风险的，因而在资本主义社会里，资本家是最大的风险承担者。另一方面，对于一个企业而言，专用性资产在提升核心竞争力以及提升生产效率等方面都具有重要作用，众所周知，企业提供给资本家的投资回报率必将直接关系到其能否获得专用性资产的投入尤其是持续投入专用性资产的积极性，毋庸置疑投资是影响整体社会或经济体的经济运行效率和盈利的最直接因素。从此角度看，由资本家拥有企业合约之外的剩余控制权，让资本家对专用性资产的投资进行抉择，也就是将剩余索取权交给资本家，或者将最主要的剩余索取权由资本家享有，当然也会让资本家承担相应的风险，Grossman S. J. 和 Hart O. D. （1986） 指出，这样的产权配置模式可以最大限度地让资本家提升其对专用性资产的投资，对整个社会福利而言，资本家投资的积极性无疑是具有帕累托改进性质的。

科斯及其弟子提出的交易费用构成了现代机制设计理论的重要依据，它对于吸引广大投资者的证券市场及上市企业的股权结构问题而言也是核心的基本概念和研究要素。现代股份制企业资产配置与管理的核心就是在交易中实现公众效用或社会效益的最大化。基于这一原理和分析路径，在证券市场上发行股票的企业其实也是朝着节约交易成本的方向发展与社会分工不断发展的产物。原因在于，由于具有专业优势，职业经理人受聘经营企业可体现出分工的效益，但是需要考虑职业经理人与投入资本的股东进行交易的效率，如果两者之间发生交易的效率很低（主要体现在职业经理人的机会主义行为如道德风险和逆向选择对企业效率的损害超过了分工的效益），那么资本所有者与职业经理人便无法达成交易，股份形式的经济便难以形成，证券市场就无法持续发展。对于新兴和转轨的中国资本市场，法制体系尚不健全，外部交易费用很大，与此外部社会体制与法律环境相适应的产权制度自然会具有与西方发达国家不同的特点。但一个毋庸置疑的事实是，基于交易费用的最小化原则而构建的企业产权的安排与治理机制能够为国家积极的发展、社会福利的提升、市场的繁荣和企业的兴旺提供现实的路径指引。

股权分置作为我国资本市场建立初期节约交易费用的股权结构，源于中国长期以来的思想渊源和特殊的股份制改造路径。我国资本市场建立初期带有一定的为国有企业脱贫解困服务的目的，因而上市的企业只分割出一部分股份到二级市场流通，另一部分保留了国有股份的控制权并不到二级市场流通，从而形成了股权的分置状态。这种流通股与非流通股同时存在于一家上市公司的分置状态在我国市场经济和资本市场建立初期起到了平稳过渡且不影响国家对国有企业的控制权等作用，使国有企业顺利地到资本市场融资。

但是，在这种股权分置的股权格局下，上市公司的控股股东持有绝大多数股份，牢牢占据着上市公司的控制地位，流通股股东几乎没有话语权。在上市公司由国有企业改造而来且非整体上市的情况下，作为控股股东的国有集团通过关联交易、高送转、定向增发等方式从上市公司攫取了大量控制权私利。对此，国有企业集团及上市公司的解释是，国有集团将最具营利性的资产剥离出来上市，留下了“老弱病残”，因而其攫取上市公司利益是对其剥离优良资产所做的补偿。毋庸置疑，这种解释是基于融资方的利益的。站到中立的立场上来看，既然企业到资本市场上定价交易了，就应该是所有的股东同股同权、同股同利，这是资本市场的内在要求，也是企业到资本市场上定价交易的应有之义。对于这种股权分置的弊端，学界和业界也广为诟病。

在国外，没有上市公司的股权结构出现过我国这种股权分置的状态，正如 Bebchuk 和 Roe（1998）的分析所指出的，企业是一个国家（或地区）内部的微观个体，任何企业的治理结构中都是存在路径依赖问题的，这也意味着，在任何一个国家（或地区），企业所有权的安排都是有着其深刻的历史渊源的，都是依赖于这个国家（或地区）最重要的路径的。借鉴国外的成熟经验以及我国股权分置以来出现的“同股不同权同股不同价同股不同利”等问题，我国从 2005 年开始推行股权分置改革。至 2008 年底，股权分置改革基本收官。股权分置改革启动后，我国资本市场出现了良好的反应。首先，打破了长达六年多的熊市，证券交易量价齐升。其次，证券市场各种监管措施逐渐推出，比如信息披露监管、内部控制评价报告等。最后，中小板、创业板、新三板、中关村交易系统等多样化交易板块顺利运行，沪港通和深港通也顺利启动了。

不可否认的是，全流通以来，控股股东利用控制权攫取控制权私利的行为依然存在，上海证券交易所年报专题小组通过调研指出了全流通背景下控股股东以更低的成本控制着整个上市公司的不合理现象。但作为对股权分置的扬弃，全流通时代出现的新问题，是在解决股权分置明显不合理的弊端后所出现的新问题，这种新问题也是全球资本市场的共性问题，这表明资本市场的制度完善与监管仍然任重道远。

第四章　全流通背景下控股股东代理问题的现状研究

第一节　全流通背景下控股股东持股的决策过程

在进入全流通时代的初期，资本市场对大股东的减持（又称为大非减持）是存在一定的恐慌的。为尽量避免市场的恐慌，三一重工作为我国首家实行股权分置改革的全流通企业，其控股股东三一集团负责任地做出了对其持有的流通股锁定两年的承诺，当时三一重工解禁上市流通股份有 51812 万股，这一承诺毋庸置疑为后股改时期我国资本市场尤其是股票市场的稳定起到了举足轻重的作用。而且值得一提的是，在经过了承诺锁定的两年之后，三一集团仍然未减持其持有的三一重工的股份。三一重工的确起到了表率作用，其后，也有多家上市公司的控股股东做出了类似承诺，如拓邦电子、黄山旅游等。

不过需要注意的是，个别负有责任和充满道义感的大股东的行为并不能代表全体大股东，整个资本市场也不能对个别大股东寄予不切实际的厚望。市场已经看到，三一重工、拓邦电子、黄山旅游等企业控股股东的承诺与实际行动显然无法抑制由于各种动机而早有减持计划的其他上市公司大股东的减持行为。此外，正如三一重工等控股股东不减持的上市公司的相关人员所吐露的心声——这些企业之所以未遭到减持，根本的原因在于企业有着出色的表现和良好的预期。可以想象，对于业绩一般，未来也谈不上良好预期的企业，其遭到控股股东减持是在所必然的。

全流通背景下，大股东以往拥有的非流通股可以在二级市场交易，大股东不再只能通过协议转让等方式出售股份，而可以随时选择出售股份，因为出售股份可以将股份套现。众所周知，大股东以往在股份制改革中得到的股份其成本是相当低的，因而可以获得资本利得收益。但出于控制权和保持上市公司稳定性的考虑，或者大股东为国有身份时，出售股份属于一项资产处置行为，须经过审批，而审批程序比较复杂，有的时候还要解释出售原因，因而大股东也可能出于上述原因而不出售之前的非流通股份，哪怕这些股份已经具有流通性了。不出售股份还可以让大股东在全流通的背景下依然保有牢固的控制性地位以及掌握相应的控制权收益。大股东会在这两者之间进行权衡与博弈之后选择是否减持——如果减持，则可以获得资本利得差，对于当初控股成本很低的大股东而言，这个资本利得差也是足够大的；如果不减持，则可以稳保控制性地位及其控制权收益。当然，可以想象，如果大股东既能够获得资本利得差又得以保持控股地位，也就是大股东减持一部分，减持之后仍然处于不可动摇的控制性地位，比如年报专题小组所说的“小股东”控制的情况，那对于大股东而言是最优的结果。不过，在全流通的背景下，一旦大股东减持股份，其他资本大鳄就可以通过二级市场增购股份，这可能冲击大股东的控制性地位，比如宝能从二级市场增购万科的股份即剑指原股东的控制性地位，这种情况下，大股东如欲继续拥有控制权地位，需采用其他的方式保持控制权，这需要花费一定的成本。不过大股东出售股份之后也可以通过将现金投资于其他领域而进行再投资，所以大股东的决策取决于其对三个方面的比较，一是套现所获得的资本利得收益，二是套现资金再行投资的收益，三是为套现后保持控股地位而花费的控制权成本。

不过，由于投资过程中股东最终的收益会受到股东自身之外众多因素的影响，这些因素既有上市公司方面的，也有上市公司之外的，比如企业的经济效益、企业在市场上的股价波动以及大股东是否具有其他的再投资机会，但需提醒的是，除了这些确定性的或可以确定的因素之外，还有一些不确定的因素，远到国际经济环境甚至国际政治环境，近到国内经济环境、证券市场环境等。由于这些因素的影响，尤其是不确定性因素的影响，有时候企业经营良好，股东的总所得不一定最大，而有时候企业经营欠佳，但股东反而有可能得到超额的总收益。换言之，大股东在减持决策过程中其减持（或者部分减持）所得到的总收益无法可靠确定，因而在对大股东减持行为进行分析时，忽略上述不确定性及考虑众多尚未列出的不确定性，其分析结果必定是不全面的。鉴于此，应在大股东减持行为的分析中引入不确定性，在此基础上推演的大股东的减持决策才更切合实际。

一、理论推演

根据我国资本市场的发展过程，项目组对大股东投资时所处的两个周期进行考察并建立决策模型，这两个周期依次为股权分置和全流通。要连续分析大股东的减持决策，最佳的分析是假定大股东在股权分置时代就对上市公司进行了资金投入，股权分置改革后大股东择机选择是否退出上市公司。事实上，无论是否全流通，大股东都可以对上市公司股份进行转让，只是在全流通的背景下，大股东的股权转让可以通过二级市场进行。我们可以将全流通时代大股东选择退出上市公司的全部过程描述为：大股东有新的预期更好的投资项目时，出售股份制改造中获得的上市公司的股份，并将出售所得的资金投资于其他项目，即使在原上市公司投资，但由于股份出售了，也被归为新的投资。对于初始时期大股东的总预算，赋予变量 $(h_i)_0$，我们将整个社会的资本命名为 G_0，可以假设整个大股东总预算的分布函数服从对数正态分布，即 $\ln(h_i)_0 \sim N(\mu_0, \sigma_0^2)$。众所周知，在股权分置时代，控股股东的预算主要用于三部分：一部分是对生产的投入，这部分投资的预期是保持企业的正常生产经营，另一部分是对非流通股股份的投资，这部分投资的预期是获取控制权收益，还有一部分则用于积累。而股权分置改革后，控股股东可以出售原持有的全部或部分非流通股，这部分股份已经成为可以在二级市场流通的股份，从而可以赚取价差。如果控股股东还保留一部分股份在手中，那么这些未对外转让出去的部分可以使大股东继续获得控制权收益。当大股东有闲余的资金时，比如获得了资本利差或者生产经营有了一定的积累，那么它也会继续投资。一般情况下，控股股东得到的增值收益取决于两部分：一是其拥有的原非流通股转化成流通股进而转让后的利差收益，二是其拥有的原非流通股未转让部分而在全流通时期仍能获取的控制权收益。总体来看，控股股东的总收益包括三部分：第一部分为生产过程中的积累即未分配利润，第二部分来源于其将股份制改造中得到的低成本的股份出售获得的利差，第三部分则体现为不出售股份而保持控制性地位所对应的控制权收益。用函数形式可描述为模型1：

$$(u_i)_t = \ln(n_i)_t + (1/\rho)(\ln(c_i)_{t+1} + \varphi\ln(e_i)_{t+1}) \tag{1}$$

其中，n_t 为生产过程中的积累即未分配利润积累；c_{t+1} 为其将股份制改造中得到的低成本的股份出售获得的利差；e_{t+1} 为控股股东不出售股份而保持控制性地位所对应的控制权收益；$\rho(>1)$ 代表时间折现因素的影响；$\varphi(>0)$ 体现的是控股股东将股份制改造中得到的低成本的股份出售获得的利差与不出售股份而保持控制性地位所对应的控制权收益两者的效用替代弹性。

理论上，一项投资行为的投资收益取决于投资的规模$(1-n_t)$、生产经营结余(h_t) 和投资者拥有的原非流通股未转让部分获取的控制权收益(e_t)。但实际投资过程中，一项投资行为的收益并不是仅仅受上述三个方面的左右，正如前文引言所分析的，还有一些不确定性因素会影响股东收益，如突如其来的战争、自然灾害以及企业的重组等。这些不确定因素是理论分析时必须考虑的，但由于项目众多且来源广泛以及它们是否发生和具有何种影响难以确定，因此用随机变量ξ_t来进行总体的描述，以与其他所有的确定性变量进行区分。按此分析路径，股东的投资收益的积累方程可构建为模型2：

$$(h_i)_{t+1} = \theta(1 - (n_i)_t)\beta((e_i)_t)\gamma((h_i)_t)\delta(\xi_i)_t \tag{2}$$

其中，θ为常数，代表一定的社会经济环境。β、γ、δ均处于0到1之间，分别代表投资规模$(1 - n_t)$、生产经营结余(h_t)和投资者拥有的原非流通股未转让部分获取的控制权收益(e_t)的系数，并满足生产要素的边际报酬递减规律。$(\xi_i)_t$为随机变量，代表对于投资者而言的各种不确定因素，不过这里并不是各种不确定因素的直接加总，而是均包含在这个随机变量之中。根据社会一般规律和大数定理，有时投资主体的数量可能很大，这时，ξ在全部经济总体中的结果可能体现为随机分布。遵循经济分析由共性到个性的常用路径，以假定ξ服从对数正态分布为基础展开分析，我们将这一结果用$\ln\xi_t \sim N(-s^2/2, s^2)$表示。$s^2$代表影响收益不确定的各种因素综合作用的结果，在数学意义上则为方差。基于这种正态分布的性质，$E(\xi_t)$等于1。这表明，不确定性因素是存在的，但就整个社会来看，不会影响投资方的收益积累。

二、股权分置改革后控制性投资者的决策模型

面对全流通下不再存在流通股与非流通股之分的市场，需要在控制性投资者在生产过程中的积累即未分配利润n_t、控制性投资者将股份制改造中得到的低成本的股份出售获得的利差c_{t+1}、控制性投资者不出售股份而保持控制性地位所对应的控制权收益e_{t+1}这三者之间进行选择，以调整投资的收益使其趋于最大化，本书用数学模型3予以表述：

$$\max\{\ln n_t + (1/\rho)E_t(\ln c_{t+1} + \varphi\ln e_{t+1})\} \tag{3}$$

由上文的讨论可知，模型3中的有关参数满足(4)式和(5)式所述的条件：

$$h_{t+1} = \theta(1 - n_t)\beta e\gamma_t h\delta_t\xi_t \tag{4}$$

$$c_{t+1} + e_{t+1} = h_{t+1} \tag{5}$$

E_t在模型中的含义是投资者未来可获得的收益在t时期的期望。对这个模型求最优化状态下的结果，即为

$$e_{t+1} = h_{t+1} \times \varphi \div (1 + \varphi) \tag{6}$$

$$1 - n_t = [\beta \times (1 + \varphi)] \div [\rho + \beta(1 + \varphi)] \tag{7}$$

将上述(4)式、(6)式和(7)式综合起来看，可以解出，作为一个控制性身份的投资者，其获取的各种来源的收益满足下述积累方程：

$$h_{t+1}=\theta[(\beta+\varphi\beta)/(\rho+\beta+\varphi\beta)]\beta[\varphi/(1+\varphi)]\gamma h\gamma+\delta_t\xi=Ah\gamma+\delta_t\xi \quad (8)$$

显而易见，在这个结果中，$\theta[(\beta+\varphi\beta)/(\rho+\beta+\varphi\beta)]\beta[\varphi/(1+\varphi)]\gamma$ 为一个常数，不妨用 A 表示。

(6) 式描述的结果是，控制性投资者以一个比例来选择不减持股份而保留股份以获取控制权收益，这个比例为 φ 与 $(1+\varphi)$ 的比值，由此可知，φ 越大时，控股股东就越不会减持股份，因为 φ 越大时，保留控制权的利益输送等效应对控股股东而言意义越大。

(7) 式代表的意义是，控股股东会对其投资规模进行调整，其调整的影响因素有很多，但最主要的因素是投资与产出之间的弹性和时间。当投资相对于产出的弹性增加时，控股股东会加大投资规模，反之则减少投资规模。当时间折现因子增加时，理性的投资者会降低投资规模，反之则加大投资规模。这正体现了现实经济生活中投资方与被投资方谈判的焦点和砝码——被投资方能给予投资者回报较大的投资产出弹性，投资者则自然会投入或持续地投入，因为较大的投资弹性可以使投资者未来获得更高的回报。当社会平均利润率等因素影响的时间折现程度很大时，投资者必然倾向于获得即时的收益，而不倾向于期待日后的期望收益。

三、控股股东回报积累的调整模型

在市场经济交往中，经济行为的稳定状态及其存续性常常受到关注，对与此相关的性质的讨论也展现了其必要性。本书对投资过程的稳定状态和持续性以及性质进行讨论。这里的稳定状态讨论的是就全部投资活动而言获取的整体回报收益的分布所表现出来的相对稳定的结果，这一结果有利于使全部投资活动的回报的分布函数趋于不变。这个结果其实也正是将 (8) 式两边对数化所体现出来的结果：

$$\ln h_{t+1}=\ln A+(\gamma+\delta)\ln h_t+\ln\xi_t \quad (9)$$

(8) 式和 (9) 式所代表的经济意义是，当全流通格局下全部投资活动的整体回报服从对数正态分布，满足 $\ln h_t \sim N(\mu_t, \sigma_t^2)$，那么，股权分置改革后，全社会的收益仍呈对数正态分布格局，相关参数表示为 (10) 式：

$$\mu_{t+1}=\ln A+(\gamma+\delta)\mu_t-s^2/2$$
$$\sigma_{t+1}^2=(\gamma+\delta)^2\sigma_t^2+s^2 \quad (10)$$

证明：根据上述各参数的意义，已知 $\ln h_t$ 和 $\ln\xi_t$ 均满足正态分布的特征，在正态分布的意义上，$\ln h_t$ 和 $\ln\xi_t$ 构成的线性组合未打破传递规律，故而依然满足正态分布的特征。这也正是对 (9) 式的两边求解期望和方差后在数学上的结果，具体模型即可用(10)式表达出来。

上述的讨论是基于共性情况的讨论，落实到个性情况的话，即使是在稳定状态，整个社会中各个投资方的回报都是会发生变化的，只是全部经济运行体系中投资回报的分布保持稳定。

上述调整过程及稳态情况下的性质也暗含着整体社会投资回报积累的长期稳态性。在此予以证明。谨以不含下标 t 的符号表征稳定状态下的参数结果。根据上述结论，对推论 1 进行证明：

推论 1：当 γ 和 δ 之和仍处于 0 到 1 之间时，整个经济活动的回报的分布满足长期稳定状态的特征。

证明：(10)式所代表的含义是，$\ln h_t$ 和 $\ln \xi_t$ 构成的线性组合未打破传递规律，依然满足正态分布的特征。那么当 γ 和 δ 之和仍处于 0 到 1 之间时，求导后的结果为：

$$d\mu_{t+1}/d\mu_t = \gamma + \delta < 1,\ d\sigma_{t+1}^2/d\sigma_t^2 = (\gamma + \delta)^2 < 1。$$

由于 γ 和 δ 处于 0 到 1 之间，所以上述求导的结果均大于 0。

在这种格局下，t 无限延长时，由于$(\mu_t,\ \sigma_t^2)$逐渐收敛的性质的存在，最终将趋于稳定状态$(\mu,\ \sigma^2)$。

也可以进行更进一步的分析，当然都离不开 γ 与 δ 之和大于 0 小于 1 的条件，在此基础上对全部经济运行活动中全部投资者在稳定状态下的回报分布的对数均值和方差求解。从数学原理上看，求解过程为：

在(10)式中，由于 σ_{t+1}^2 趋于 σ_t^2，进一步趋于 σ^2，同理 μ_{t+1} 趋于 μ_t，进一步趋于 μ，故而全部经济活动中全体投资者回报的分布参数可表述为：

$$\mu = (\ln A - s^2 \div 2) \times 1 \div (1 - \gamma - \delta),\ \sigma^2 = s^2 \div [1 - (\gamma + \delta)^2] \quad (11)$$

求解可以看到，在稳定的状态下，全部经济活动中全体投资者的回报为：

$$\begin{aligned} H &= E(h) = \exp(\mu + \sigma^2/2) \\ &= \exp[1 \div (1 - \gamma - \delta)(\ln A - s^2 \div 2 \times (\gamma + \delta) \div (1 + \gamma + \delta)] \quad (12) \end{aligned}$$

这意味着，当全部经济活动中全体投资者回报组成的整个社会处于稳定状态时，θ、β、φ、γ 与全社会的收益水平正相关，这正是人们在投资过程中体现出来的经济现实的生动写照。

在(12)式中，s^2 是 H 的影响因素，故而可以认为，整个社会全部经济活动趋于稳定状态时的整体回报与不确定性的大小呈现出负向的相关影响。

证明：根据(12)式，因 s^2 的位置与符号所展现出的状态，当 s^2 越大时，H 越小；反之，则 H 越大。

这个结果的经济含义是不言而喻的——全部投资者回报积累的不确定性越

小，那么整个社会在稳定状态下的回报水平越高。

需要注意的是，基于单个投资者的角度，投资回报的不确定性因素不一定会左右投资回报的积累，但基于整个社会的整体经济活动的角度，不确定性因素的存在或加重对某一或某些投资回报的影响，从而确实会对投资回报造成影响。因此，增加投资活动中的透明度，降低交易的硬性成本，减少经济运行中的不确定因素，对整个社会投资回报的积累是有益的。当然，投资活动中的不确定性是多方面因素造成的，其中有主观的，也有客观的，但无论是主观的还是客观的，都可以采用一定的办法抑制或尽量避免，首要的是健全资本市场的法律规范体系，培育经理人市场，加强投资者教育等也是减少经济环境不确定性的路径。

从上述命题与推论还可看出，如果δ保持稳定，也就是投资的规模对投资回报积累的系数不变，在这种情况下，拥有控制性地位的投资者最终是保留还是减持上市公司股份，其决策的依据是资本利得收益相对于控制权收益的弹性系数。不过在实际的投资过程中，控股股东还会考虑从长期而言的预期，当控股性投资者对企业的长期发展有信心时，作为理性的控股股东自然会在比较控制权收益与资本利得收益的基础上，选择回报更高的控制权收益，因而控股股东会保留上市公司的股份。

四、结语

课题组将不确定性因素引入控股股东的减持决策，从后股改时期控股股东减持上市公司股份的现状入手，构建了全流通背景下控股股东减持决策模型，以考察控股股东减持的规律。经过推理，课题组认为，当控股性投资者比较得出减持股份而获得的资本利得收益相对于继续持有股份以保留控制权而获得的控制权收益更可观时，作为理性经济人的控股股东会将股份制改造过程中低成本获得的股份出售或减持，反之，则会继续持有。正如经济分析一般的原理和思路一样，本课题的推演过程是奠定在一些假设的基础之上的，比如投资规模对收益积累的影响系数不变等，这是投资过程中难以避免的挑战，这是理论研究也是今后需突破的瓶颈或者需扩展的地方。

第二节　全流通背景下控股股东持股的特征
——与股权分置改革前的比较

股权分置改革是我国资本市场基本制度的重大改革，是我国经过多次探索而摸索出来的一套制度设计。长期以来，我国资本市场上流通股与非流通股并存，市场对公众公司几无约束，这不符合资本市场的发展规律，为强化市场对公众公司的约束，实现资本市场的机制转换，我国于 2005 年 8 月开始了股权分置改革。这次改革解决了尚未流通的国有股的上市流通问题，实现了上市公司股份的全流通。改革的目的之一是将上市公司交给市场，提供市场对上市公司定价的基础，以充分发挥市场在资源配置中的作用。对于上市公司，市场的定价决定了市场对其股份的增减持，那么，我们必然关心，经过股权分置改革，我国企业的股权结构发生了什么变化及其具体表现在哪些方面。带着一系列与此相关的问题，本课题梳理了全流通时代我国上市公司的股权结构，并与股权分置改革前的股权结构进行了比较。我们发现，全流通时代我国上市公司股份的流通性明显增强，表明股权分置改革在推动资本市场的流动性基础方面完全起到了作用。就产权性质来看，国有股比重大大下降。不过，有意思的是，我们发现，就大股东持股比例来看，第一大股东持股比例并未减少。

上述变化只是股权分置改革后我国上市公司股权结构的表象，我们更关心的是，作为我国经济转型阶段对公众公司采取的一项系统性改革工程，股权分置改革已经收官了。这场改革是否真正起到了作用？具体来看，评判标准很多，但一般采用的标准是：是否切实优化了公众公司的股权结构，是否真正能推动转轨时期我国资本市场的持续与健康发展。毋庸置疑，这些普遍受到关注的问题在微观、中观和宏观层面都有其特殊的意义。微观来看，企业治理结构的完善关系到上市公司能否在资本市场上实现持续的融资。中观来看，这直接关乎投资者尤其是中小投资者利益的保护，因而直接决定市场上资金供求双方的平衡。宏观方面，这正是我国全面深化改革背景下金融领域的深化问题。本课题基于三个视角来比较全流通时代与股权分置时代我国上市公司的股权结构，一是企业股权的性质。股权的性质也就是产权的性质，这是最根本的问题，也是长期以来束缚资本市场改革的思想桎梏之一，故本课题首先基于股权性质进行比较。二是股权的流通程度。股权分置改革就是要打破上市公司股份有一部分不进入流通的状况，所以本课题基于股权的流通性进行了比较。三是股权的集中度。长期以来，股权是否集中也是理论界和实务界普遍关心的焦点。我们从上述三个方面来透视股改前后上市公司股权结构的变化。

一、基于股权性质的比较

2005 年 6 月三一重工进行的股权分置改革打响了我国资本市场基础性制度改革的第一炮。不过我们需要注意的是，由于限售期一般为两年到三年，因而课题组选择比较的截止时点为2008年底和2015年底。股权分置改革前后我国企业股权属性的比较见表4-1。

表4-1　　股权分置改革前后我国企业股权属性的比较

阶段		股本（亿元）	国有		非国有	
			金额（亿元）	占比	金额（亿元）	占比
股改前（截至2008年底）	沪市	23262.56	12470.88	53.61%	10791.68	46.39%
	深市	3854.88	969.86	25.16%	2885.02	74.84%
	合计	21114.08	13440.74	63.66%	7673.34	36.34%
股改后（截至2015年底）	沪市	38162.57	1685.78	4.42%	36476.79	95.58%
	深市	12722.17	886.76	6.97%	11835.41	93.03%
	合计	45039.81	2572.54	5.71%	42467.28	94.29%
增幅	沪市	14900.01	-10785.10	-63.48%	25685.11	63.48%
	深市	8867.29	-83.10	-20.37%	8950.39	20.37%
	合计	23925.73	-10868.20	-64.90%	34793.93	64.90%

数据来源：沪、深证券交易所网站、CSMAR数据库。

进入全流通之后，国有股份在上市公司总股本中占5.71%，比股权分置改革前下降了57.95%。

尤其需要说明的是，股权分置时代，我国上市公司的国有股股份全部为非流通股，这意味着在股权分置改革前，我国还不存在任何一个国有的公众企业其国有股是流通股。从表4-1可以看到，股改后我国上市公司股份中的国有股比重大大减少（减少了57.95%），使我国长期以来的国有股"一股独大"的状况得到了改变。目前我国正处于经济体制改革的攻坚区，国有企业改革是经济体制改革的重中之重，股权分置改革以来股权结构的这一变化对于深化国有企业改革，将上市公司推向市场充分接受资本市场的检验，从而推动市场机制作用的充分发挥，具有重大的意义，这也必将进一步增强资本市场的活力。

二、基于股权流通程度的比较

由表4-2可知，股权分置改革后流通股快速增长，从2005年开始改革到

2015 年 12 月，流通股接近九成（达到了 86.9%），相比股改前增幅达 60.8%，这表明股权分置改革在推动市场股份的流通性方面起到了实质性的作用，使我国长期广受各界诟病的非流通股占多数的股权结构呈现出实质性的改观。

表 4-2　　股权分置改革前后我国企业股权流通性

时间		企业数目	总股本（亿元）	总流通		非流通股（亿元）	
				股本（亿元）	占比	股本（亿元）	占比
股改前（截至 2008 年底）	沪市	968	17259.20	5505.92	31.9%	11753.28	68.1%
	深市	829	3854.88	2.26	0.06%	3852.62	99.9%
	合计	1796	21114.08	5508.18	26.1%	15605.90	73.9%
股改后（截至 2015 年底）	沪市	1191	32317.64	29426.87	91.1%	2890.78	8.9%
	深市	1920	12722.17	9726.32	76.5%	2995.85	23.6%
	合计	3110	45039.81	39153.18	86.9%	5886.63	13.1%
增幅	沪市	223	15058.44	23920.95	59.2%	−8862.50	−59.2%
	深市	1091	8867.29	9724.05	76.4%	−856.77	−76.4%
	合计	1314	23925.73	33645.00	60.8%	−9719.27	−60.8%

数据来源：沪、深证券交易所网站、CSMAR 数据库。

三、基于股权集中度的比较

我们惊奇地发现，股权分置改革后，截至 2015 年 12 月，在中国的资本市场，控股股东持有上市公司股份占 3/4 的上市公司占全部上市公司的 1.38%（共 56 家上市公司），更令人惊奇的是，这一数据相比股权分置时代不是下降了，反而增加了 26 家企业，增加了 0.4%。以截至 2015 年 12 月的数据进行描述统计的结果显示，控股股东对公众企业占有半数以上 3/4 以下份额的接近 800 家企业（794 家），在股权分置改革收官前，控股股东持股处于这一范围的是接近 600 家企业（584 家），因而股权分置改革后，控股股东对公众企业占有半数以上 3/4 以下份额的增加了 210 家企业（见表 4-3）。

就持股超过一半的情况来看，股改后，控股股东采用绝对控股方式（持股 50%以上）的占全部上市公司的 20.89%，共 850 家，在股改前，控股股东持股处于这一范围的是 611 家企业，增加了 239 家企业。就这一持股比在沪深全部企业中所占的比例来看，有所下降——从22.25%减少到20.89%（见表4-3），减少幅度不大。这正是令我们颇感意外的地方——根据这一数据结果我们没有观察到股权分置改革后控股股东的减持，反而看到的是第一大股东增加了对上市公司的持股。

表4-3　　股权分置改革前后我国企业股权集中度的比较

第一大股东持股比	截至2008年底				截至2015年底				
	企业数目			占比	企业数目			占比	变动幅度
	沪市	深市	合计		沪市	深市	合计		
20%以下	136	265	401	14.62%	169	482	651	15.98%	1.37%
20%~50%	585	1147	1732	63.13%	666	1904	2570	63.14%	0.01%
50%~75%	216	367	584	21.27%	268	526	794	19.51%	-1.77%
75%以上	11	16	27	0.98%	21	35	56	1.38%	0.40%
合计	948	1795	2743	100%	1124	2947	4071	100%	0.01%

数据来源：沪、深证券交易所网站、CSMAR数据库。

为进一步厘清控股股东的持股情况，课题组对股权分置改革以来第一大股东持股比超过3/4的上市公司的股权结构进行了深入剖析，结果显示，两个阶段对比来看（股权分置改革前后），控股大股东高比例持股的企业进行了大调整。表4-4和表4-5分别列示了2008年底和2015年底控股股东持股比超过3/4的上市公司，2008年底共14家，2015年共32家。

表4-4　　2008年底第一大股东持股比超过3/4的上市公司

序号	证券代码	证券简称	股东名称	持股比（%）	股份性质
1	601857	中国石油	中国石油集团	86.42	国家股，流通A股
2	600277	亿利能源	亿利资源集团有限公司	85.23	境内法人持有股份
3	601003	柳钢股份	广西柳州钢铁（集团）公司	84	国有法人股

续表

序号	证券代码	证券简称	股东名称	持股比（%）	股份性质
4	000514	喻开发	重庆市城市建设投资公司	82.16	国有法人股，流通 A 股
5	000761	本钢板材	本溪钢铁（集团）有限责任公司	82.12	国有法人股，流通 A 股
6	002269	美邦服饰	上海华服投资有限公司	80.6	境内法人持有股份
7	600007	中国国贸	中国国际贸易中心有限公司	80.14	境内法人持有股份
8	600104	上汽集团	上海汽车工业（集团）总公司	78.94	国家股，流通 A 股
9	001896	豫能控股	河南投资集团有限公司	78.14	国家股，流通 A 股
10	600759	洲际油气	广西正和实业集团有限公司	77.89	境内法人持有股份
11	600782	新钢股份	新余钢铁有限责任公司	77.02	国有法人股
12	600208	新湖中宝	浙江新湖集团股份有限公司	76.8	境内法人持有股份，流通 A 股
13	601958	金钼股份	金钼集团	75.99	国有法人股
14	600028	中国石化	中国石油化工集团公司	75.84	国家股，流通 A 股

而 2015 年底第一大股东持股 3/4 以上的有 32 家，具体见表 4-5，其中仅有 5 家企业与 2008 年底第一大股东持股比超过 3/4 的上市公司重复，也就是说在这两个时间节点，控股股东持股超过 3/4 的企业很少出现交集，仅中国石油、中国国贸、柳钢股份、本钢板材、新钢股份 5 家企业，而且有意思的是，这 5 家企业均为传统行业的国有企业。由此我们不得不发出上市公司的控股股东已经重新洗牌的质疑。由于资料有限，目前还只能提出质疑，具体的实际情况需观察一段周期并深入调研方可了解，这也给课题组今后的研究提供了空间。

表 4-5　　**2015 年底第一大股东持股比超过 3/4 的上市公司**

序号	证券代码	证券简称	股东名称	持股比（%）	股份性质
1	000981	银亿股份	宁波银亿控股有限公司	89.41	流通 A 股
2	002745	木林森	孙清焕	88.92	境内自然人股
3	601069	西部黄金	新疆有色金属工业（集团）有限责任公司	87.5	国有法人股
4	601857	中国石油	中国石油集团	86.35	流通 A 股
5	002498	汉缆股份	青岛汉河集团股份有限公司	85.04	流通 A 股
6	000791	甘肃电投	甘肃省电力投资集团有限责任公司	84.11	国有法人股
7	601021	春秋航空	上海春秋国际旅行社（集团）有限公司	84	境内法人股
8	601003	柳钢股份	广西柳州钢铁（集团）公司	82.51	流通 A 股
9	601231	春秋航空	环诚科技有限公司	82.34	境外法人持有股份
10	002678	珠江钢琴	广州市人民政府国有资产监督管理委员会	81.85	国家股
11	000761	本钢板材	本溪钢铁（集团）有限责任公司	81.77	流通 A 股
12	600007	中国国贸	中国国际贸易中心有限公司	80.65	流通 A 股
13	600023	浙能电力	浙江省能源集团有限公司	80.34	国有法人股
14	603328	依顿电子	依顿投资有限公司	79.96	境外法人持有股份
15	600019	宝钢股份	宝钢集团有限公司	79.709	流通 A 股
16	000959	首钢股份	首钢总公司	79.38	国有法人股，流通 A 股
17	600782	新钢股份	新余钢铁集团有限公司	78.89	流通 A 股
18	603555	贵人鸟	贵人鸟集团（香港）有限公司	78.89	境外法人持有股份

续表

序号	证券代码	证券简称	股东名称	持股比（%）	股份性质
19	600317	营口港	营口港务集团有限公司	78.55	国有法人股，流通 A 股
20	000517	荣安地产	荣安集团股份有限公司	78.02	境内法人股
21	603166	福达股份	桂林福达集团有限公司	77.97	境内法人股
22	000732	嘉禾集团	福建泰禾投资有限公司	77.51	流通 A 股
23	000719	大地传媒	中原出版传媒投资控股集团有限公司	77.13	国有法人股
24	600483	福能股份	福建省能源集团有限责任公司	77.07	国有法人股
25	600724	宁波富达	宁波城建投资控股有限公司	76.95	流通 A 股
26	002493	荣盛石化	浙江荣盛控股集团有限公司	76.44	流通 A 股
27	601801	皖新传媒	安徽新华发行（集团）控股有限公司	75.73	流通 A 股
28	002378	章源钨业	崇义章源投资控股有限公司	75.52	流通 A 股
29	601018	宁波港	宁波港集团有限公司	75.46	流通 A 股
30	600869	智慧能源	远东控股集团有限公司	75.25	流通 A 股
31	601158	重庆水务	重庆市水务资产经营有限公司	75.1	流通 A 股
32	002075	沙钢股份	江苏沙钢集团有限公司	75	流通 A 股

四、结语

经过股改，市场和投资者等各方均盼望已久的股份一元格局实现了，这种情况下，如果想实现同幅度的增长的话，则资金会显得稀缺。此外，我们关注到，目前银行、证券与保险业这三大金融市场的连接通道尚存在一定限制，因而尚难满足股改后我国证券市场的需求。所以，面对稀缺的资金以及投资者更多的选择，管理当局既要打通资金流通渠道，又要推动企业致力于治理结构的完善，两者都是当务之急。按照现代企业制度的基本要求，上市公司经理的聘任应交给董事会或者董事会下属的提名委员会来实施。但遗憾的是，长期以来我国国有企业的董事与高管都是由国家部门任命的，这种情况到现在依然存在，这导致国家控股的上市公司治理机制存在天生的缺陷。我们不得不承认，非市场选择下的经理人往往激励不够，约束也不到位，这也是国家控股的上市公司经营效率偏低的原因之一。

同时，应尽快培养职业经理人，推动市场涌现一批经验丰富的职业经理人，以便于以竞争机制选聘有专长的管理团队来经营管理企业，在治理结构上按照有利于推动效率提升的原则进行构建，这样可以避免经理层的短期行为。可考虑实施股权激励，不过，要注意的是，在股权激励的具体办法和条款中须对我国的历史传统和现实环境与条件进行充分考虑，比如弱势有效市场下二级市场的交易与经营业绩相关性过于不敏感，鱼目混珠的融资者与投资者充斥在市场上，市场投机氛围浓厚，期权的种类可能不合适或者期权的数量可能过多或过少等。鉴于此，建议股权分置改革后欲采用股票期权激励制度的话，须将发放的期权股票锁定一定时段。一般来说，在任职期内不允许期权对象卖出通过期权激励得到股票，而且最有效的措施应该是只能允许期权对象在离职若干年方可出售通过期权得到的股票。这种设计才能最大限度地激励管理团队基于企业的长远利益进行日常经营，避免经营管理中的道德风险和经营管理行为的短期化。

由于建立时间不长，我国资本市场还有相当多的地方需要改进和完善，资本市场上的信息不对称也将在相当长一段时间内客观存在，这是不争的事实。在宏观环境上，依照市场运行的基本规律，建立完善的法律制度并强力推行，对证券市场的发展至关重要。因而应健全相关的法律法规，从顶层设计上明确上市公司信息披露的真实性、准确性、及时性和全面性。我们知道，在我国现行的资本市场上，散户投资者既无动力又没有足够的能力监督企业和对企业事项进行表决，面对企业投资经营的低效以及大股东和管理者团队对企业利益的侵蚀，散户投资者只能用脚投票。因而哪怕在全流通时代，企业投资经营的低效以及大股东和管理者团队对企业利益的侵蚀照样有存在的基础，鉴于此，应清醒地看到，在大股东和经营者之外，能切实对公众企业进行监督、推动公众企业提升价值回馈广大投资者的重任落在了机构投资者身上，因而应大力培育机构投资者，通过市场交易规则促进企业构造规范的治理结构并高效经营。

第三节　全流通背景下的控股股东代理问题的存在性
——基于贵州茅台和五粮液的对比分析

准确识别与评价上市公司控股股东代理问题及投资者保护程度对促进上市公司治理与资本市场健康发展具有重要意义。大量文献揭露了我国制度不完备情况下严重的控股股东代理问题。所幸的是，本书基于五粮液和贵州茅台业绩和公司治理结构等的对比分析，发现了我国少有的中小股东利益保护较好的案例。目前我国资本市场进入了全流通时代，我们希望本书对贵州茅台较好践行投资者保护正面案例的分析能有助于降低全流通时代的控股股东代理成本，增进投资者保护，促进资本市场健康、良性发展。

党的十八大以来，我国在公务消费中对部分消费品进行限制，比如五粮液、茅台酒等，这不仅显著改变了这些企业的宏观运行环境，而且深刻影响了这类企业的投资决策、运营管理与盈利能力。虽然白酒行业属于传统行业，但这两家白酒酿造企业均因拥有独特的、无法复制的酿酒圣地和独有的酿与窖的技术而在激烈的市场竞争中保持着核心竞争力。自上市以来，两家公司均未出现过亏损，净资产收益率平均为24.7%，最小值也达10.75%。这是其他很多行业和企业难以企及的。2011年以来，随着宏观经济环境的变化，白酒行业进入了深度调整，平均净资产收益率仅5.45%。但白酒行业自身和行业外的分析师均比较一致地认为2015年是此行业周期性底部，他们预计从2016年开始白酒行业的发展将扭转快速下滑的局面而转入相对平稳的发展阶段。总体来看，五粮液和贵州茅台所处的行业在经营领域的风险比较小，加之它们主业突出，不存在多元化或混业投资与经营的风险，且销售大多以现销为主，资金回笼快，因而也较少存在资金压力，从而形成公司良好的基本面。

遗憾的是，在公司治理领域，众多文献和新闻媒体揭露了五粮液的控股股东通过关联交易、定向增发等手段攫取控制权私利从而侵害中小股东利益的行为，最经典的文献由刘峰、贺建刚、魏明海（2004）提供。他们以1998年五粮液上市至2003年与控股股东的利益往来数据证实了我国制度不完备环境下严重的控股股东代理问题。4年之后，贺建刚、魏明海、刘峰（2008）进一步以五粮液作为典型案例，深入解读其公司治理缺陷引起市场广泛关注后，控股股东的利益挖掘行为是否有所缓解以及可能的原因。他们发现，尽管五粮液的公司治理缺陷得到了市场的客观定价，但由于诸多市场纠正机制的约束，五粮液控股股东的利益挖掘行为并未呈现出明显改善或缓解的迹象。五粮液的公司治理缺陷值得深思，而市场能容忍其公司治理缺陷不改善更发人深省，这或许正是我国弱式有效资本市场的一个生动案例。我们相信，随着全面深化改革的推进，尤其是随着市场逐步走向半强势效率，这种现象必能得到改观。不过，本书感兴趣的是，贵州茅台同为酿酒企业，且同为白酒行业的龙头企业，却鲜有文献揭露其控股股东的隧道挖掘行为，反而有文献以贵州茅台连续多年的高股利对其注重投资者回报的行为予以肯定，贵州茅台的股价也始终是最高的。是什么原因导致了贵州茅台和五粮液的差异？历史渊源、治理结构、企业文化、经营理念、组织架构……原因无疑是多方面的。在这些原因中，公司治理结构作为规范股东（或股东会，股东大会）、董事会、监事会与管理层权利和义务的制度架构，无疑是影响控股股东与中小股东代理问题的核心因素。本书尝试对上述问题进行回答。进一步，我们还关注，贵州茅台作为投资者保护较好的上市公司，其有哪些经验值得推广。我们希冀本书对五粮液和贵州茅台基于投资者保护视角的分析能对深化公司治理研究以及案例研究有所裨益，并有助于促进公司治理与投资者保护的实践。

一、贵州茅台和五粮液的基本情况与改制上市的基本历程

贵州茅台和五粮液同为我国白酒行业的龙头企业，且均为民族品牌的代表。就品牌历史而言，茅台酒可追溯到2000余年前的汉代。1915年巴拿马万国博览会上，茅台酒被评为金奖产品，自此得以扬名世界。五粮液源于明朝《陈氏秘方》的特殊工艺，当时酿酒的老窖至今已有600多年的历史，现仍在使用。两家企业分别拥有堪称我国乃至全世界白酒典范的“酱香型”和“浓香型”白酒。借助于中国浓厚的酒文化和独特的品味，两家白酒企业在激烈的竞争中挑起了把民族品牌发扬光大的历史重任，并相继在沪深证券市场上市。

作为上市公司，治理结构的完善尤其重要。同其他国有企业股份制改造的历程一样，贵州茅台和五粮液也是由集团公司剥离出一部分资产（而且集团宣称是最优质的资产）上市，集团公司则成为上市公司的控股股东。不同的是，在公司设立时，两家公司的发起人数量不同，这也导致两家公司上市时的非流通大股东数量不同。五粮液由四川省宜宾五粮液酒厂独家发起，采取募集方式设立，1998年3月上市时发起人四川省宜宾五粮液酒厂拥有75%的股份，这部分股权全部为非流通股，其余全部为流通股。第二大股东北京宏源股份有限公司证券部持有0.29%的股份，公司实际控制人为宜宾市国有资产管理局。贵州茅台则由中国贵州茅台酒厂（集团）公司（以下简称茅台集团）作为主

发起人，联合深圳清华大学研究院、贵州茅台酒厂技术开发公司等7家法人单位共同发起设立，2001年3月上市时主发起人茅台集团拥有其64.68%的股份。第二大股东贵州茅台酒厂技术开发公司持有4%的股份，其余的发起人持有的股份均在1%以下，这部分股份全部为非流通股，其余全部为流通股，公司实际控制人为贵州省国有资产管理局。由此可以看到，五粮液和贵州茅台虽然都是国有控股，但贵州茅台设立时即有多个股东共同参与，体现了股权制衡的思想。

二、业绩：投资者保护的基石

与互联网、信息、芯片、航天等新兴领域的高科技企业相比，白酒行业属于典型的传统行业，普遍缺乏高精尖的技术，能动员的各种创新资源也比较少。但对于有着浓厚酒文化的中国，白酒是中国人情感交流的载体，是中华民族的文化符号。因此，虽然高新技术企业凭借新兴技术主导着技术演进的轨迹，占据着技术应用的主流市场，但贵州茅台和五粮液却以至高无上的品位赢取了我国传统消费领域的市场。来自白酒工业协会的数据显示，我国白酒产量占世界烈性酒产量的1/3强（38%左右），贵州茅台和五粮液的产销量占我国高端白酒的80%以上，这至少说明我国国产高端白酒基本能满足国内市场所需。但我国白酒销量尚未占到全球白酒销量的1%，显示了我国白酒与其他国家的差距，说明我国白酒行业的国际化尚有巨大的发展空间，同时国际化也应该是五粮液和贵州茅台未来的主要方向。

我们对所有细分行业的盈利能力进行统计，结果显示，我国盈利能力最强（按营业毛利率指标计算，因为毛利是利润的基础）的行业是金融业，其次是住宿与餐饮业，盈利能力最弱的行业是批发和零售业①，而五粮液自上市以来营业毛利率为56.72%，贵州茅台自上市以来营业毛利率为87.13%。从这里可以看到，白酒行业虽属于传统行业，但盈利能力是比较强的，这与中国人素来偏爱白酒以及享用白酒的文化传统和风俗习惯有关，这些都为五粮液和贵州茅台的盈利能力和持续健康发展提供了土壤。

虽然我们看到了大量业绩不错但公司治理效率不高甚至严重侵占中小股东利益的鲜活案例，但我们绝对难以观察到没有良好业绩支撑而专注于投资者尤其是中小投资者利益保护的案例。一般的逻辑是：控股股东以优质资产设立上市公司→侵占上市公司利益以"弥补"控股股东牺牲优质资产的代价。由于

① 本书采用的是上市公司的数据，因为只有上市公司的数据才提供利润率指标。

企业所处的内外环境的影响，企业上市后业绩可能比较优良，也可能下滑。如果企业业绩优良，那么，作为理性经济人，控股股东和上市公司面临两重选择，一是回报广大的股民，二是攫取上市公司利益加倍“弥补”控股股东牺牲优质资产的代价。无论是前一种情况还是后一种情况，由于有良好的业绩做支撑，中小股民要么能从企业上涨至少稳定的股价中获取一部分利益，如长江电力，要么能获取比较可观的股利收益，如贵州茅台。而一旦企业业绩下滑，作为理性经济人，控股股东的选择大多为抓住机会获取控制权私利，从而加重对中小股东利益的侵占，其逻辑过程表现为：企业业绩下滑→加重侵占上市公司利益。

企业上市的目的有融资、提升企业形象等，毋庸置疑，绝大多数企业上市的目的是融资。我们需要注意的是，贵州茅台的上市初衷与很多企业不一样，贵州茅台不缺资金，这也是贵州茅台上市之前企业内部存在反对声音的缘由。当然，贵州茅台内部部分人反对企业上市的另一个缘由是不愿意让其他投资者分享企业的控制权与利润。从上述分析不难看出，贵州茅台能给予股民较好的投资者保护，是与其良好的业绩分不开的。这或许也是五粮液虽屡屡曝出控股股东侵占上市公司利益的事件但散户投资者仍无动于衷甚至加以追捧的缘由，这也彰显了中国资本市场弱式有效的结构特征，充分说明我国散户投资者浓厚的投机心理。

三、公司治理结构：控股股东代理问题的关键

（一）投资者回报

刘想、刘银国（2014）指出，公司治理问题归根结底是关于责任的问题，而上市公司对股东的责任主要体现在投资回报上。因而，本书从投资者回报角度解读贵州茅台对投资者履行的责任。对于中小股东，投资回报有两个来源，一是市价上涨带来的资本利得，二是分配的股利。理论分析与实证研究均表明，股利对企业价值的影响是复合型的，既可能体现为正向影响，也可能体现为负向影响，还可能无影响。但像贵州茅台这样连续多年高股利且能保持高股价而企业业绩依然良好，则无疑体现为正向的影响，并堪称投资者保护的典范。表 4-6 列示了两家公司自上市以来的利润分配情况。

企业分配利润的方式有现金股利、股票股利、财产股利和负债股利，截至目前我国尚无上市公司发放财产股利和负债股利，因而表 4-6 列示的利润分配方式仅包括股票股利和现金股利。

表 4-6 **五粮液和贵州茅台上市以来的利润分配表情况**

年份	五粮液			贵州茅台		
	股利支付率	股票股利	现金股利	股利支付率	股票股利	现金股利
1998	71%		1.25	未上市		
1999	0		0.00			
2000	0		0.00			
2001	13%	0.4	0.03	46%		0.60
2002	0	0.1	0.00	15%	0.1	0.20
2003	39%		0.20	15%	0.3	0.30
2004	不分配不转增			24%		0.50
2005	34%		0.10	13%		0.30
2006	14%	0.4	0.06	43%		0.70
2007	不分配不转增			28%		0.84
2008	10%		0.05	29%		1.16
2009	18%		0.15	26%		1.19
2010	26%		0.30	43%	0.1	2.30
2011	31%		0.50	47%	0.1	4.00
2012	31%		0.80	50%		6.42
2013	33%		0.70	30%	0.1	4.37
2014	39%		0.60	33%	0.1	4.37
2015	49%		0.80	50%		6.17

注：股利支付率是指支付的现金股利占合并报表中归属于上市公司股东的净利润的比率。

从表 4-6 可以看出，贵州茅台和五粮液的超额回报都较高，但两家企业的利润分配有很大差异，无论是股利支付率还是现金股利额度，贵州茅台都远远超过五粮液，贵州茅台一直保持高股价且未被认为存在控股股东利益挖掘行为，大概与此很有关系。

贵州茅台股价和股利的绝对值都比较高，因而本书按现金股利/股价计算了贵州茅台和五粮液的投资回报率，结果显示，贵州茅台 2001 年上市以来的这一比例平均为 3.77%，最高为 8.70%，最低为 1.73%，五粮液 1998 年上市以来的这一比例平均为 1.27%，最高为 4.47%，最低为 0。两相比较，可见贵州茅台给予投资者的回报高于五粮液。

（二）股权变更

五粮液和贵州茅台均为地方政府实际控制的上市公司，且公司设立时控股股东拥有的股份均接近 2/3，股权分置改革后，两家上市公司的控股股东和实际控制人均未发生变化，但控股股东减持股份比例相差较大，截至 2015 年 12 月 31 日，贵州茅台控股股东中国贵州茅台酒厂（集团）有限责任公司持有股份 61.99%，与股改前相差不大，但五粮液的控股股东宜宾市国有资产经营有限公司减持了 25.03%的股份，接近减持前的一半，减持后持有五粮液 36%的股份。不过，五粮液的控股股东宜宾市国有资产经营有限公司减持上市公司股份后，接盘的股东不是外部投资者，而是之前的关联方四川省宜宾五粮液集团有限公司。自 2003 年要求上市公司披露实际控制人以来，五粮液公司年报披露各年的实际控制人为宜宾市国有资产经济经营有限公司（2004—2011 年）、宜宾市政府国有资产监督管理委员会（2012 年以来）。2012 年，五粮液股份的控股股东宜宾市国有资产经营有限公司将其持有的股份从 56.07%减持为 36%，受让方为四川省宜宾五粮液集团有限公司，交易方式为无偿划转。公司 2012 年年报未公告控股股东减持股份的原因，四川省宜宾五粮液集团有限公司的性质为国有，实际控制人也为宜宾市政府国有资产监督管理委员会。因而，这次股权转让为同一控制下的股权转让。全流通后，我们需要关注另一种新情况——其他股东可以从二级市场收购上市公司的股份，从而可能威胁控股股东的控制权地位，对于五粮液这种蓝筹股，我们绝不相信没有资本大鳄对其“垂涎欲滴”。因此，从这个角度，我们是否可以认为，2012 年五粮液控股股东和实际控制人的股权转让是为了稳固五粮液集团的控股股东地位？表 4-7 列示了两家公司自设立以来的股权变更历程。

表 4-7　　五粮液与贵州茅台第一大股东以其持股比例的变化

	五粮液		贵州茅台	
年份	第一大股东名称	持股比	第一大股东名称	持股比
1998	宜宾市国有资产管理局	75.00%		
1999	宜宾国有资产管理局	75.00%		
2000	宜宾国有资产管理局	75.00%		

续表

	五粮液		贵州茅台	
年份	第一大股东名称	持股比	第一大股东名称	持股比
2001	宜宾市国有资产管理局	71.83%	中国贵州茅台酒厂有限责任公司	64.68%
2002	宜宾市国有资产经营有限公司	71.83%	中国贵州茅台酒厂有限责任公司	64.68%
2003	宜宾市国有资产经营有限公司	71.83%	中国贵州茅台酒厂有限责任公司	64.68%
2004	宜宾市国有资产经营有限公司	71.83%	中国贵州茅台酒厂有限责任公司	64.68%
2005	宜宾市国有资产经营有限公司	71.83%	中国贵州茅台酒厂有限责任公司	64.68%
2006	宜宾市国有资产经营有限公司	67.04%	中国贵州茅台酒厂有限责任公司	61.78%
2007	宜宾市国有资产经营有限公司	67.04%	中国贵州茅台酒厂有限责任公司	61.78%
2008	宜宾市国有资产经营有限公司	56.07%	中国贵州茅台酒厂有限责任公司	61.71%
2009	宜宾市国有资产经营有限公司	56.07%	中国贵州茅台酒厂有限责任公司	61.71%
2010	宜宾市国有资产经营有限公司	56.07%	中国贵州茅台酒厂有限责任公司	61.76%
2011	宜宾市国有资产经营有限公司	56.07%	中国贵州茅台酒厂有限责任公司	61.76%
2012	宜宾市国有资产经营有限公司	36.00%	中国贵州茅台酒厂（集团）有限责任公司	61.81%
2013	宜宾市国有资产经营有限公司	36.00%	中国贵州茅台酒厂（集团）有限责任公司	61.99%
2014	宜宾市国有资产经营有限公司	36.00%	中国贵州茅台酒厂（集团）有限责任公司	
2015	宜宾市国有资产经营有限公司	36.00%	中国贵州茅台酒厂（集团）有限责任公司	

（三）董事会结构

《公司法》对上市公司董事会的规模进行了明确界定（3~13 人），但对董事会结构仅要求至少有 2 名独立董事。董事会是企业的决策机构，是股东的代言人。研究发现，来自非控股股东的董事在董事会中所占的比例越大，企业业绩越好。目前我们尚未发现提供反面证据的文献。本书对贵州茅台和五粮液的董事会结构进行了分析，具体结果见表 4-8。可以看到，贵州茅台属于文献所指出的与企业业绩正相关的董事会结构，而五粮液则相反。

表 4-8 五粮液和贵州茅台上市以来的董事会结构

年份	五粮液			贵州茅台		
	董事会规模	独立董事规模	独立董事比重	董事会规模	独立董事规模	独立董事比重
1998	9	0	0%	未上市		
1999	7	0	0%			
2000	8	0	0%			
2001	7	0	0%	15	2	13%
2002	6	0	0%	15	2	13%
2003	6	2	33%	15	2	13%
2004	5	2	40%	15	2	13%
2005	5	2	40%	15	2	13%
2006	7	2	29%	15	2	13%
2007	7	3	43%	14	2	14%
2008	10	5	50%	14	2	14%
2009	10	5	50%	14	2	14%
2010	10	5	50%	11	4	36%

续表

年份	五粮液			贵州茅台		
	董事会规模	独立董事规模	独立董事比重	董事会规模	独立董事规模	独立董事比重
2011	10	5	50%	11	4	36%
2012	10	5	50%	11	4	36%
2013	10	5	50%	11	4	36%
2014	13	8	62%	12	4	33%
2015	7	3	43%	12	4	33%
平均值	8.17	2.89	33%	13.33	2.8	22%
最大值	13	8	62%	15	4	36%
最小值	5	0	0%	11	2	13%

(四) 关联方交易

五粮液上市时发起人四川省宜宾五粮液酒厂将集团中最有影响力的资产——酒厂拿出来发起设立五粮液上市公司，五粮液的控股股东之所以如此慷慨地把集团的优良资产拿出来让所有投资者共享，这一方面是为了维持上市公司的高业绩，另一方面集团公司通过大量的关联方交易转移回去了大量现金（贺建刚、魏明海、刘峰，2008）。《公司法》《证券法》及其他监管法规与条例并未限制或禁止上市公司与控股股东发生关联方交易，只是要求披露并不得侵占上市公司利益。大量证据显示，五粮液的控股股东通过关联交易从上市公司转移了大量现金，无疑已构成了对上市公司利益的侵占，但由于未触犯《公司法》《证券法》及其他监管法规与条例的明示性规定因而未受到处罚。为了解贵州茅台是否也存在类似情形，本书沿着刘峰、贺建刚、魏明海（2004）和贺建刚、魏明海、刘峰（2008）的分析范式，对比列出了贵州茅台与五粮液的关联方交易，见表4-9。

表 4-9　　　　**贵州茅台和五粮液上市以来的关联方交易**　　　　单位：万元

	五粮液		贵州茅台	
年份	交易内容	交易金额	交易内容	交易金额
1998	材料、维修等	33646.83	未上市	
	商标使用权	4000		
	综合服务	4051.16		
1999	白酒、果酒、基础酒等	11213.29		
	材料、维修等	46210.46		
	商标使用权	9318.00		
	土地使用权、房屋租赁	6000.00		
	综合服务	4520.43		
2000	白酒、果酒、基础酒等	14730.86		
	材料、维修等	71704.10		
	商标使用权	9318.00		
	土地使用权、房屋租赁	6000		
	综合服务	6362.76		
2001	白酒、果酒、基础酒等	3126.11	购买老酒等	27997.35
	材料、维修等	123847.24		
	商标使用权	10468.75	商标使用权	3487.85
	土地使用权、房屋租赁	5309.30	土地使用权、房屋租赁	641.77
	综合服务	11861.19	综合服务	202.53
2002	白酒、果酒、基础酒等	32101.02	购买老酒等	6866.04
	材料、维修等	94442.71	收购资产	21454.03
	商标使用权	10767.07	商标使用权	3911.41
	土地使用权、房屋租赁	7011.94	土地使用权、房屋租赁	1493.34
	综合服务	11655.02	综合服务	2325.08
2003	白酒、果酒、基础酒等	14757.84	购买老酒等	19044.82
	材料、维修等	137376.63		
	商标使用权	11825.84	商标使用权	3696.63
	土地使用权、房屋租赁	7011.94	土地使用权、房屋租赁	1493.34
	综合服务	13822.53	综合服务	2379.20

续表

	五粮液		贵州茅台	
年份	交易内容	交易金额	交易内容	交易金额
2004	白酒、果酒、基础酒等	20936.32	购买老酒等	60103.59
	材料、维修等	164416.50		
	商标使用权	10501.02	商标使用权	
	土地使用权、房屋租赁	7011.94	土地使用权、房屋租赁	2872.26
	综合服务	14932.82	综合服务	2872.26
2005	白酒、果酒、基础酒等	243734.23	购买老酒等	10297.81
	材料、维修等	161844.69		
	商标使用权	8706.16	商标使用权	4315.16
	土地使用权、房屋租赁	7011.94	土地使用权、房屋租赁	1700.73
	综合服务	10662.82	综合服务	4558.02
2006	白酒、果酒、基础酒等	356242.14	购买老酒等	8032.30
	材料、维修等	219226.71	材料、维修等	6883.37
	商标使用权	13369.79	商标使用权	5022.50
	土地使用权、房屋租赁	7011.94	土地使用权、房屋租赁	2077.28
	综合服务	11190.60	综合服务	
2007	白酒、果酒、基础酒等	416959.09	购买老酒等	11254.93
	材料、维修等	197687.60	材料、维修等	6004.49
	商标使用权	10115.83	商标使用权	6736.97
	土地使用权、房屋租赁	7011.94	土地使用权、房屋租赁	2077.28
	综合服务	11189.56	综合服务	
2008	白酒、果酒、基础酒等	415459.59	购买老酒等	3756.55
	材料、维修等	203859.20	材料、维修等	5821.07
	商标使用权	10683.84	商标使用权	8365.11
	土地使用权、房屋租赁	7011.94	土地使用权、房屋租赁	2559.37
	综合服务	11162.36	综合服务	

续表

	五粮液		贵州茅台	
年份	交易内容	交易金额	交易内容	交易金额
2009	白酒、果酒、基础酒等	446701.81	购买老酒等	2409.40
	材料、维修等	106984.79	材料、维修等	7670.64
	商标使用权	13549.11	商标使用权	8885.61
	土地使用权、房屋租赁	9169.60	土地使用权、房屋租赁	2559.37
	综合服务	11704.42	综合服务	
2010	成品酒等	29775.15	购买老酒等	626.44
	材料、维修等	47280.13	材料、维修等	8251.70
	商标使用权	18741.35	商标使用权	11818.92
	土地使用权、房屋租赁	33161.57	土地使用权、房屋租赁	2559.37
	综合服务	9255.81	综合服务	
2011	成品酒等	44651.52	购买老酒等	
	材料、维修等	35361.06	材料、维修等	9526.37
	商标使用权	23966.34	商标使用权	19297.18
	土地使用权、房屋租赁	35351.49	土地使用权、房屋租赁	2559.37
	综合服务	7509.61	综合服务	
2012	成品酒等	53374.35	购买老酒等	
	材料、维修等	38728.56		
	商标使用权	34618.01	商标使用权	26765.30
	土地使用权、房屋租赁	35327.49	土地使用权、房屋租赁	2559.37
	综合服务	8996.30	综合服务	11551.24
2013	成品酒、果酒、基础酒等	63422.71	购买老酒等	36724.89
	材料、维修等	45228.30		
	商标使用权	31923.05	商标使用权	35155.05
	土地使用权、房屋租赁	35327.48	土地使用权、房屋租赁	2559.94
	综合服务	8831.33	综合服务	14437.87

续表

	五粮液		贵州茅台	
年份	交易内容	交易金额	交易内容	交易金额
2014	白酒、果酒、基础酒等	1797.07	购买老酒等	30669.57
	维修、材料等	51110.04		
	商标使用权	28015.17	商标使用权	33855.83
	土地使用权、房屋租赁	36077.92	土地使用权、房屋租赁	2524.84
	综合服务费	6857.34	综合服务	7643.50

表4-9显示，五粮液的关联方交易无论是频率还是金额占上市公司利润或经营活动现金流的比重都远远超过了贵州茅台。

四、结论

当今中国的法治化、规范化建设及深化改革为公司治理问题提供了大量鲜活的材料，其中大部分是负面的，这可能与负面新闻吸人眼球的边际效应更强有关。贵州茅台是少有的提供了较好投资者保护实践的案例，贵州茅台是否也存在隐性的、未被发现的侵占上市公司利益的行为目前尚未被充分挖掘出来，其将来是否能一如既往地保持高业绩、高分配以及高股价更不得而知。但有一点是可以肯定的——贵州茅台上市以来的实践说明在制度环境不完备的中国，同样有企业在较好地践行投资者保护，这不得不引发我们思考贵州茅台的经验并产生将其经验予以推广的想法。通过上文的分析，我们认为全流通时代降低控股股东代理问题、加强投资者保护至少应注意以下两点：

首先，良好的经营业绩是降低控股股东代理成本、增强投资者保护的基石，原因在于良好的经营业绩对企业加强投资者保护具有双重效应。一方面，良好的经营业绩使企业具备了回报投资者的基本条件。有了真实的业绩做基础，企业可以凭借经营优势，在不侵占中小投资者利益或少侵占投资者利益的情况下持续发展和创新，从而其在市场上的形象和声誉得以提升，更便于融资或能以更低的成本融资。另一方面，良好的经营业绩可以增强企业对资源的协调和控制能力，为企业提供难以复制的核心竞争力。业绩优良的企业总是能掌握最关键的稀缺资源或核心竞争力，凭借其稀缺资源或核心竞争力构建难以突破的战略优势从而提升企业的市场价值。

其次，科学的公司治理结构是降低控股股东代理问题、增强投资者保护的关键。刘峰、贺建刚、魏明海（2004）指出，当投资者与其他公众对于企业治理的定位是企业乃至整个经济的长期稳定发展与企业的各利益相关者的利益保护时（不仅限于控股股东权益的保护，还包括各种类型的股东、债权人以及客户、供应商、企业雇员等权益的保护），那么，单凭经营业绩，尤其是财务数据所反映的业绩来衡量企业治理效率与效果，无疑是不充分的。原因在于，财务数据上所反映出来的盈余是基于过去的经营情况，未能真实地对企业长期稳定发展的能力进行反映，更未能确切地对相关利益者利益的保护情况进行展现。作为公众公司，上市公司应对所有股东一视同仁，真正体现"同股同权、同股同价、同股同利"。沿着经济学的分析逻辑，作为理性经济人，控股股东（一般是发起人）将优质资产剥离出来上市后，难免利用控制权对其最初的代价进行弥补，但这显然会侵害中小股东的利益，也不利于上市公司竞争优势的获取、保持和持续提升。事实上，持续提升上市公司业绩不应该仅仅是控股股东的"中间目的"，更应该是控股股东的"终极目的"，是控股股东持续获得与控制权地位相匹配的超额回报的源泉。我们期待，随着改革的深化，我国上市公司的公司治理会进一步完善，企业业绩与国际影响力稳步提升。不过，通过贵州茅台公司治理及股利等的分析，我们看到了我国制度不完备情况下不可多得的注重投资者回报的正面案例，因而，下一步，我国上市公司以贵州茅台为典范，在股利回报、市值管理等方面做到与贵州茅台相同或大致相当的回报应是完全可以实现的。

第五章　全流通背景下控股股东代理问题的实证研究

第一节　理 论 分 析

自公司制度确立以来，公司治理中的代理问题一直受到各界重视，之所以受到重视，是因为这些代理问题既影响公司内外的各种利益相关者，也影响经济以及社会的发展与进步，之所以会产生这么大的影响，主要在于企业层面的大股东与中小投资者的代理问题以及股东与经理人之间的代理问题这两类代理问题。这两类代理问题造成利益分配的不同格局，也影响社会的公平与效率，因而受到各界重视。对于公司而言，所有权与经营权分离是必须面对的现实问题，因而产生了股东与经理人之间的代理冲突，为缓解这一冲突，公司采取各种激励机制，以使股东与经理人的利益趋于一致。20 世纪 90 年代以来，人们发现，所有权内部的问题即所有权的布局中出现了二元股份、交叉持股、金字塔结构等复杂所有权结构，相应出现了处于金字塔顶端的终极控制人，理论和实务的关注焦点也在一定程度上过渡到终极控制权配置格局方面。

中国资本市场的情况更有其特殊性。这种特殊性主要缘于股份制改造时的分拆上市而不是整体上市的股权分置格局，这导致同一家上市公司同时存在流通股与非流通股两种股份以及两种股份同股不同权同股不同利的不合理现象。长期以来，控股股东以其占绝对控股地位的非流通股在公司重大事项决策时的优势地位对持有流通股的中小股民的利益进行侵占，受到各界诟病，各界剑指目标即股权分置格局。为理顺上市公司的股权关系，实现同股同权同股同利，我国于 2005 年开始了股份全流通的改革，这项在资本市场上具有里程碑意义的改革经历了 3 年多才基本收官。改革基本收官之后，我国资本市场不再存在流通股与非流通股之分，上市公司的股份全部流通，资本市场正式进入了全流通时代。

基于历史的、发展的观点，我们有理由认为，作为对原股权分置格局的扬弃，全流通时代的股权配置格局将显著降低上市公司的代理成本从而提升公司治理效率。这也是市场和各界都期望和关注的。但十分遗憾的是，我国出现了新代理问题——企业的实际控制人减持了上市公司的股份但仍能控制上市公司，表面上来看，控股股东不再是大股东而似乎成为“小股东”，但“小股东”依然牢牢掌握着上市公司的控制权。大股东成为掌握控制权的“小股东”时由于减持股份反而降低了控制成本，从而带来更为严重的“小股东”控制问题。年报专题小组作为资本市场的权威研究团队，一针见血地指出，有四成的上市公司第一大股东持股比例小于30%，其持股比例不高，却控制了整个上市公司，在我国全流通以来，甚至有不少上市公司的第一大股东以不到10%或者甚至不到1%的持股比例控制着整个上市公司。

当然，我们也看到，全流通时代由于二级市场流通股份的增多，资本大鳄可以公开地从二级市场增持目标公司股份，从而出现了宝万之争等控制权争夺的案例，但我们需要注意的是，在此之前，早已有国美电器的控制权之争。仔细观察可以发现，国美电器的控制权之争也好，宝万之争也罢，引起控制权争夺的根源并不在于流通股与非流通股的争夺，而是资本大鳄与资本大鳄或者资本大鳄与职业经理人之间的争夺，广大的中小投资者发声或者寻求利益保护的环境依然未发生实质性变化。

由此，我们不得不从正面与负面两个方面来看待中国的股权分置以及股权分置改革。正面来说，首先，有利于股份增强流动性，这正是符合市场所需的，这无疑有利于增加寻求投资机会的投资者购买股份的机会，也可以降低竞争机制下更高效率投资者实施公司控制的成本，强化对公司内部人的监督，降低公司的代理成本（Maug，1998；Bohon & Thadden，1998）。其次，有利于推动股权结构的调整趋于优化，减少控股股东的掏空动机，改善公司治理，提升公司价值。负面来看，在投资者保护较弱的中国，控股股东可能会把股权结构调整到最适合剥削中小股东的状态，从而导致股权结构的调整趋于恶化。在公司治理水平整体偏低的新兴市场国家，面对法律对投资者保护不足的市场环境，我们不难观察到上市公司在经营运作中存在的复杂所有权结构、集团化构建、缺乏透明度、寻租活动和关联交易盛行等治理特征（La Porta et a1.，1999；Claessens and Fan，2002），以及股改后众多公司面向少数股东的定向增发，因而大股东减持后形式上成为“小股东”而实质上依然牢牢掌控着其专有资产的控制权并足以获取控制权私利，导致短期内尚难实质上改变现有的控制权格局，反而可能因现金流权与投票权的分离加大而进一步加重大股东及实际控制人与中小股东之间的代理问题。实践中这一问题对市场监管提出了新的挑战，也为我们的理论探索提供了难得的课题和研究契机。因而本书基于这一背景来对全流通背景下的控股股东代理问题进行实证检验，探讨走出中国式股东中心主义困境的路径设计与制度安排，切实保护中小投资者利益。

本部分的安排沿着理论分析→假设提出→研究设计→实证检验结果→分析和展望的路径展开。

第二节 假设提出

一、全流通背景下控股股东身份与控股股东代理成本

西方产权学派围绕产权的属性究竟是共有还是私有效率更高进行了大量讨论，在他们看来，公共拥有产权的模式下，公有的主体是法人而不是能够进行理性分析的自然人，实行公有模式的国家，一般是由全民公共拥有产权，也只有全民公共拥有产权的情况才称得上是真正意义上的公有。对于全民所有的企业，由于全民过于广泛，从决策程序和决策效率上来看，其日常行使权益的不可能是全民，往往由一个部门来替代全民行使产权所有人的权益。在我国，这个部门就是固有资产经营管理公司，毋庸置疑这是一个非人格化的持股主体，相应的企业则称为国有企业。西方产权学派认为，这种安排的结果使全民虽有股东之名，而无股东之实，投资者实际上是缺位的。这种情况下的代理问题显得很特殊——全民是国有股的终极所有者，但全民是一个整体，而不是一个具体的自然人，全民作为公共产权的主体其权益是通过特殊的形式来体现的。众所周知，任何一个部门或企业，在法律意义上可以构成代表一定权利与义务的法人，但是，在具体行使权益、承担责任时则必须制定一个法人代表来执行，而且这个法人代表必须是自然人。切换到全民所有的国有企业，全民的权益是构建了多级委托链最终由董事长（或总经理）来代理行使的。代理全民行使权益的董事长（或总经理）是一个自然人，但作为全民利益的代表，这使其自然人身份同其作为自身代表的自然人在法律意义上则具有了完全不同的含义，对于全民所有的企业及其企业治理的影响也存在根本区别，这表现在：作为全民所有的企业的代表，董事长（或总经理）可以在法律行为上行使签字权等权利，但他并不具有对全民所有的资产的剩余索取权，因为企业的产权属于全民，董事长（或总经理）只能是与企业的其他高管（或员工）一同得到工资收入，这个工资收入是按企业薪酬制度而发放的相应的薪酬。还有一种现象是，有的董事长（或总经理）根本就不在企业领取报酬。在这种情况下，

实际上就存在全民股权的虚设问题，无法从制度上保证作为法定代表的董事长（或总经理）对企业有充足的经营动机，最终会影响到全民所有的企业的经营效率。也是基于这一理论基础，我国对全民所有制企业进行了民营化的改革，在改革之后部分企业的绩效提升也为上述分析提供了一定的佐证。不过，相反的情况也存在——也有部分企业民营化后其业绩并没有得到提升。那么，产权属于公有还是私有对上市公司的业绩究竟存在怎样的影响呢？在我国，关于上市公司的性质、控股股东的性质以及控制人的性质对企业（包括经营、投资和筹资）的影响一直是学术界和公司治理实践中普遍关注的热点问题，也是政府监管的核心。这一问题之所以受到广泛关注，还有一个重要的原因是中国的产权制度与西方国家的产权制度分属于公有与私有，我国是世界上目前较少的采用公有产权制度的国家，两种产权制度的巨大差异与政治、外交、文化等相互影响。

由于我国社会制度下强调国有经济控制国民经济命脉、对经济发展起主导作用，以及关系国民经济命脉、具有规模经济、处于行业排头兵地位的大型企业由全民所有或者国家控制的现实背景，经济生活中自然体现出全民公共财产在社会总资产中具有量的优势。

我国的这种现实状况与特点与西方产权学派所认为的私有产权下企业的效率更高的推论不符，对其原因有大量马克思主义学者进行了分析，在私有产权下，产权所有权（往往也是经营者）作为理性经济人，会采用市场法则下的各种方式来最大化企业的效用以及自身的效用。但在民营企业中发挥作用、以减少委托代理负面效应的内部治理机制（如薪酬方案和独立董事制度等）和外部治理机制（如控制权市场、产品市场、资本市场等）事实上在国有企业中也存在。对于另外一条分析路径认为国有股的剩余控制权与剩余索取权不相匹配，因而国有企业的控股股东更有动机在自己的任期内侵占企业利益的说法，我们认为，民营控股尤其是家族作为控股股东的企业由于企业文化的冲击、内部体制的更迭等会存在经营管理的盲点。Qian（2000）也认为，只有在市场制度环境较完善的条件下，私有产权的治理才会优于政府治理。同时，在我国历史文化传统背景下，国有企业如果不能降低代理成本提供更高的效益，其融资能力，乃至履行经济责任、社会责任的能力必定会受到影响，而这将构成对国有企业生存与发展的一种鞭策。据此提出以下假设：

H1：产权的公有属性与上市公司的股东代理成本负相关。

二、全流通背景下控股股东的所有权与控股股东代理成本

控股股东的所有权即产权所有者拥有的产权比例是投资人投入的现金流，代表了企业股权的集中程度。大量理论分析和实证结果证明，产权所有人的投入比例具有双重效应，分别为正面的利益一致效应和负面的壕沟防御效应。早在20世纪，Shleifer和Vishny即指出了产权所有者集中股权的严重代理问题，这个代理问题的严重性既体现在对个别投资者的影响，也体现在对全体投资者的影响。对于我国的资本市场，唐宗明（2005）分析认为，对于集中的所有权模式，大股东的投入高，因而其资本被锁定，出于对资本锁定风险的弥补，在企业外部的散户投资者的利益会被忽略，甚至被掠夺。毋庸置疑，大股东的投入越大，其资本锁定风险则会越高，因而控股股东代理成本越大。谷祺、邓德强、路倩（2006）提供的我国家族上市公司的检验结果表明现金流量权比例对企业价值造成显著负面的影响，即为佐证。由于他们的样本为家族上市公司，因此他们分析后认为我国家族上市公司往往会发生“掠夺性分红”以输送利益给控股股东，这显然也是控股股东代理成本的写照。事实上，我国全民所有制企业由国有资产经营公司代理，再由董事长（或总经理）行使具体权益，“掠夺性分红”具有一定的普遍性。在资本市场上，所有权的掌握程度对应着控制权利益的获取程度，产权所有者会保持其控制力，也就是需要保持一定的所有权比例，但这最终会伤害中小投资者的利益，带来代理成本的上升。据此提出以下假设：

H2：控股股东的现金流量权与股权代理成本正相关。

三、全流通背景下控股股东的控制权与控股股东代理成本

与控股股东的所有权对应，控股股东的控制也会导致正面的利益一致效应和负面的壕沟防御效应。在企业的经营过程中，利益一致体现为控股股东发挥所有权地位，对聘任的管理团队的日常经营和消费起到更有效果的约束作用，使管理团队的日常经营与所有者的利益趋于一致，从而降低管理者代理成本。壕沟防御效应是对企业价值的损害，缘于控股股东与中小投资者之间的代理问题，其形成过程在于：控制人和中小投资者共同对企业投资，其投资目的都包括获取投资收益，但中小投资者只能获取分红与二级市场的收益，控股股东则还可以获取控制权收益，因此控股股东和中小投资者获取收益的目标函数不完全相同。由于信息不对称的普遍存在，控制人可以利用控制权地位获取私人信息从而最大化控制权利益，而这部分利益中小投资者是无法得到的，控股股东

的这种机会主义行为即为对中小投资者利益的侵占，是控股股东代理问题的反映。大量学者证实了这一现象，Shleifer 和 Vishny（1997）、叶勇（2005）、孙健（2006）等均提供了经验证据——当控股股东手握控制权时，为获取更高的收益，终极控制股东甚至构建复杂的控制体系来掌控上市公司，因而控股股东总体上更倾向于通过机会主义行为攫取不能为小股东分享的控制权私有收益，即体现为壕沟防御效应。通过文献回顾及背景介绍，我们知道，现实经济生活中，终极控制人构建复杂的股权结构也就是为了处于控制地位，以为其获取控制权私利铺平道路。基于此，本书假设：

H3：控股股东的控制权与股权代理成本正相关。

四、全流通背景下控股股东的控制权与现金流量权的偏离程度与控股股东代理成本

对于大量存在的控制权与现金流量权相分离的股权结构，Bebchuk、Kraakman 和 Triantis（2000）讨论了投票权与现金流量权相分离情况下的代理成本问题及其对公司的投资、规模和控制权转移决策的影响，他们认为，两权偏离的情况下，终极控制人的目标函数与广大中小投资者的目标函数偏离更大，终极控制人往往不太关注上市公司的投资效率与经营业绩，而专注于规模的扩大或者控制权转移的溢价，使中小投资者利益受到严重影响。La Porta，Lopesa Silanes 和 Shleifer（1999）、Fan 和 Lang（2002）等的研究均发现，复杂结构下的两权偏离对企业价值负面影响大。我国也有类似的证据，苏启林和朱文（2003）、吕长江、肖成民（2006）分别采用家族控制的企业为样本或者进行个别案例分析发现，投票权与现金流量权的严重分离所带来的代理问题是最终控制人实施掏空的根本原因。结合上述研究，本书认为，控股股东构造使企业的所有权安排更隐蔽和复杂的股权结构，往往使公众企业的股权代理成本呈几何级数地上升，因而控股股东的控制权超过其所有权时，企业的绩效就会下降。由此推论，现金流量权与控制权的分离程度越大，对企业绩效的负面影响越大。在两权分离的情况下，控股股东的所有权比例越大，“侵占”与“掏空”行为的负面影响越大。据此提出以下假设：

H4：控股股东的控制权与现金流量权的分离程度与股权代理成本正相关。

五、全流通背景下控股股东的控制方式与控股股东代理成本

由于交叉持股、金字塔结构等现象的普遍存在，最终产权所有者控制的方式有直接和间接两种方式，直接控股即控股股东未通过复杂组织结构对上市公

司进行控制，这种情况下的所有权与控制权是一致的。间接控股则是控股股东通过链式的方式或金字塔结构控制上市公司。在直接控制的方式下，企业股权结构单一，控制人通过资产替代或担保等渠道转移上市公司资源的行为更透明，控股股东不便于对中小股东的利益进行挖掘，股权代理成本相对较低。据此提出以下假设：

H5：控股股东采用间接控股方式时，股权代理成本更大。

六、全流通背景下的股权制衡度与控股股东代理成本

在企业的投资、经营等活动以及收益分配等重大事项的决议中，处于控制地位的控股股东有动力也有机会利用控制权做出于已有利的表决从而使企业利益受损，也会给其他股东带来损失。投资的属性是获取投资增值，因而其他股东会想方设法采取相应行动争取自己的利益。但是，其他股东包括非控股大股东在与控股股东的博弈中居于不利的地位。作为广大的分散的中小投资者，没有渠道也没有能力与控股股东“抗衡”，这些散户投资者主要通过“用脚投票”的方式维护自身的权益，即使如此，散户投资者的进入与退出也不足以影响控股股东的决策。能够对控股股东起到些许牵制作用的只能是以第二大股东为主的非控股大股东，这也是我们一直强调培育机构投资者的原因。对于非控股大股东作用的重视，早在20世纪末就开始了。孙永祥、黄祖辉（1999）正视了其他大股东对控股股东的牵制带来了股权代理成本的降低。Edwards和Nibler（2000）指出，某些国家采用小股东联盟的方式来牵制控股股东，事实上如果有足够的股份掌握在第二大股东手中，第二大股东即可有效地监督大股东，而不需要组建小股东联盟或者比组建小股东联盟的效果要好。他们采集德国证券市场的样本对上述推论进行了证实。我国21世纪以来此方面的文献较多，陈晓、江东（2000）李志文、宋衍蘅（2003）等均证实了其他大股东对第一大股东的监督制衡作用。据此提出以下假设：

H6：股权制衡度与股权代理成本负相关。

七、全流通背景下控股股东担任高级管理职位与控股股东代理成本

董事会是股东利益的代表，由于股东会或者股东大会选举董事会采用投票制，而控股股东的投票权最大，因而董事会及董事会中实质性权力最大的董事长实际上是身为控股股东利益的代表的。企业的日常经营由董事会聘任总裁组建管理团队进行经营管理，这是现代企业普遍采用的治理结构。但是，我国企业改造及企业发展的实践中，往往存在董事会中的个别人，主要是董事长的权

力过分集中的现象。倘若董事长来自控股股东（这其实本身就是一种现实），上市公司将实际上为董事长控制，进而受到控股股东的左右。还有一种情况是，有些上市公司的董事长不在上市公司领取报酬，而是由派出董事长的股东单位对其发放薪酬，这种格局下，由控股股东安排到上市公司的董事长其利益与控股股东的利益联系更加紧密，根本难以脱出控股股东的利益之外为全体股东发言。这种状况在董事长与总经理身为一人时更为突出。据此提出以下假设：

H7：控股股东担任高级管理职位与股权代理成本正相关。

第三节　研 究 设 计

一、变量定义

1. 因变量：股权代理成本（Tunnel）

参照李施、郑国坚（2015）的做法，采用资金占用衡量控股股东的单向利益挖掘，具体用控股股东向上市公司借入的资金来衡量，采用国泰安数据库中上市公司对母公司及同一控制企业的应收款项和预付账款减去应付款项及预收账款。

2. 解释变量

（1）控股股东性质（SOE）。控股股东为国有（含国家股和国有法人股），则为1，否则为0。

（2）控股股东拥有上市公司所有权比例（SYQ），即控股股东的投入在上市公司总投入中所占的比例，这个比例也代表股东分享公司盈余的权利。

（3）控股股东拥有上市公司控制权比例（KZQ），是指控股股东对公司重大决策或事项的投票权，即控股股东对上市公司的表决权。为追溯上市公司的最终控制股东并统计最终控制股东拥有的控制权，本课题研究过程中首先从国泰安数据库下载全部上市公司的控制人资料，然后到企业网站进行核对或者与《中国证券报》的资料进行核对。

（4）两权偏离度（separation rate，SR）。Claessens、Djankov（2000）提出了两权偏离度的测量方法，截至目前，在公司治理领域这是最权威的衡量两权偏离度的方法，具体计算过程为控制权除以现金流权的比率。SR越大，表明控制权与现金流权的偏离程度越大。

(5) 控股股东控股方式 (ZJ)。控股股东未构建复杂结构时为 1，否则为 0。

(6) 股权制衡度 (ZH)。用第二大股东所持股份与控股股东所持股份之比计算。ZH 越大，表明控股股东所受到的制衡程度越大。

(7) 控股股东担任高级管理职位 (DR)，简称两权合一。两权合一时为 1，否则为 0。

3. 控制变量

借鉴类似文献的研究设计，对其他可能影响股权代理成本的因素加以控制，具体见表 5-1。其中企业规模为总资产的自然对数，负债率即财务杠杆，成长性为营业收入增长率，公司注册所在地采用属性变量，只区分是否沿海发达地区，樊纲 (2004) 指出，沿海发达地区的代理成本低于非沿海发达地区，所以如果企业注册地为沿海发达地区为 1，否则为 0。

表 5-1 **变量的标识及计算**

变量类型	变量名称	变量符号	预测符号
因变量	股权代理成本	Tunnel	
解释变量	控股股东性质	SOE	−
	控股股东拥有上市公司所有权比例	SYQ	+
	控股股东拥有上市公司控制权比例	KZQ	+
	两权偏离度	SR	+
	控股股东控股方式	ZJ	−
	股权制衡度	ZH	−
	控股股东担任高级管理职位	DR	+
控制变量	企业规模	SIZE	+
	负债率	LEV	+
	成长性	GW	−
	上市年限	AGE	+
	公司注册所在地	PLACE	−

二、模型建立

根据上述研究假设及对变量的描述，构建如下模型：

$$\text{Tunnel}_{it} = \beta_0 + \beta_1 \text{SOE}_{it} + \beta_2 \text{SYQ}_{it} + \beta_3 \text{KZQ}_{it} + \beta_4 \text{SR}_{it} + \beta_5 \text{ZJ}_{it} + \beta_6 \text{ZH}_{it} + \beta_7 \text{DR}_{it} + \beta_8 \text{SIZE}_{it} + \beta_9 \text{LEV}_{it} + \beta_{10} \text{GW}_{it} + \beta_{11} \text{AGE}_{it} + \beta_{12} \text{PLACE}_{it} + \varepsilon_{it}$$

其中：β_i 为待估计参数，ε_{it} 为随机扰动项，i 代表 i 公司，t 为年份。

三、样本选择与数据来源

考虑到异质性特征可能对结论造成的干扰，本书在筛选样本时不包括以下情况的企业：一是金融保险行业的企业，二是控股股东发生了变更的企业，三是被证监会处以 ST 的企业，四是数据缺失的企业。按以上条件筛选后共获得有效样本 7922 个。样本企业的分布特征见表 5-2。

表 5-2　**样本企业的分布特征**

行　　业	样本数
农、林、牧、渔业	502
采掘业	326
房地产业	402
信息技术业	442
制造业	4038
电力、煤气及水的生产及供应业	302
交通运输、仓储业	357
批发和零售贸易	507
社会服务业	398
传播与文化产业	59
建筑业	208
综合类	381
合　计	7922

续表

年　　份	
2009	1031
2010	1087
2011	1103
2012	1132
2013	1169
2014	1197
2015	1203
合　计	7922

本书的股权结构数据来源于万德数据库，数据缺失的自各上市公司网站手工收集，财务数据来源于万德数据库，采用 Excel2007 和 Eviews4.0 进行统计分析。

第四节　实证结果分析

一、描述性统计结果

前述文献综述列举了众多学者关于所有权结构与控制权比例及其股权结构的复杂程度的研究成果，其中的个案分析包括刘芍佳、孙霈、刘乃全（2003）对“内蒙华电”和“江苏阳光”的解剖以及郑军、付强（2008）对德隆系的分析等。本书对被解释变量和主要的解释变量进行了描述性统计分析（见表5-3）。

1. 股权代理成本的描述性统计

表5-3显示了股权代理成本的描述性统计结果。2009—2015年，股权代理成本的均值为1.07亿元（106775673元），中位数为5573314元，最高达到83.8亿元（8379761839元），最低为0，标准差为16025475元，说明我国上市公司的控股股东占用资金金额较大，不过上市公司之间的差异也比较大。

7年比较来看，2014年股权代理问题最严重——均值最大，最大值也超过其他年份，且标准差最小。从数据上看这一方面是因为7年中的最大值在2014年，超过最大值排在第二位的2015年的8.23%，且2014年的中位数也最大。

表5-3　　股权代理成本的描述性统计

年份	样本数	最大值	最小值	均值	标准差	中位数
2009	1031	6201023761	0	94798660	11698596	3957052
2010	1087	6787607090	0	92398694	14156914	4508811
2011	1103	6695429709	0	119998304	12964609	4531104
2012	1132	6821126137	0	98518607	13124864	5277928
2013	1169	7181455896	0	99238597	13493449	4664863
2014	1197	8379761839	0	126918488	11374851	5321555
2015	1203	7742899939	0	115558366	15785092	4586837
2009—2015	7922	8379761839	0	106775673	16025475	5573314

2. 所有权与控制权的描述性统计

（1）产权属性。在产权属性上，股权分置改革前我国上市公司中国有性质的占绝大多数，表明国有股份在经济运行中的主导性地位。2009年之后，国有股份比例逐渐下降，从2009年的68.58%下降到2015年的45.71%，2013年之前维持在50%以上，2014年以来国有性质的比重逐渐下降到不足一半（见表5-4）。

表5-4　　产权属性的描述性统计

年份	样本数	最大值	最小值	均值	标准差	中位数
2009	1031	1	0	68.58%	46.44%	1
2010	1087	1	0	64.04%	48.01%	1
2011	1103	1	0	63.21%	47.96%	1
2012	1132	1	0	62.79%	47.78%	1
2013	1169	1	0	57.41%	42.98%	1

续表

年份	样本数	最大值	最小值	均值	标准差	中位数
2014	1197	1	0	47.08%	46.32%	1
2015	1203	1	0	45.71%	47.48%	1
2009—2015	7922	1	0	58.41%	475.65%	1

(2) 所有权。从表5-5可以看出，我国上市公司控制人拥有的所有权平均约占上市公司总股份的1/3。从2009年到2015年，在国有股减持的改革背景下，控制人拥有的股份逐渐减少，最少的仅0.102%。

表5-5 **所有权的描述性统计**

年份	样本数	最大值	最小值	均值	标准差	中位数
2009	1031	78.03%	0.502%	38.533%	19.297%	36.705%
2010	1087	67.27%	0.424%	35.924%	19.286%	33.490%
2011	1103	65.98%	0.367%	35.871%	19.190%	33.490%
2012	1132	69.12%	0.127%	33.104%	18.174%	30.483%
2013	1169	66.29%	0.409%	31.019%	16.734%	28.780%
2014	1197	58.87%	0.147%	29.321%	15.37%	27.24%
2015	1203	54.03%	0.102%	27.012%	20.09%	21.05%
2009—2015	7922	78.03%	0.102%	32.974%	18.702%	32.20%

(3) 控制权。表5-6列出了我国上市公司终极控制性股东的控制权情况。7年中，终极控制性股东的控制权平均水平为39.979%，接近四成，这比所有权超出了7%有余。2009年到2011年逐年加强，2012年开始有所下降，2013年再度上升。控制权的最大值和最小值均超过了所有权的最大值和最小值，表明控股股东通过复杂的组织结构以较少的所有权比例控制着上市公司，印证了年报专题小组的调研结论。

表 5-6　　控制权的描述性统计

年份	样本数	最大值	最小值	均值	中位数	标准差
2009	1031	86.06%	7.020%	30.632%	39.685%	9.213%
2010	1087	83.27%	4.240%	41.465%	39.800%	16.582%
2011	1103	84.31%	4.240%	41.479%	39.990%	16.581%
2012	1132	92.01%	3.940%	36.623%	36.925%	16.120%
2013	1169	86.29%	4.540%	39.146%	35.33%	15.154%
2014	1197	67.34%	4.021%	38.075%	32.013%	13.969%
2015	1203	64.02%	4.217%	39.997%	30.875%	14.278%
2009—2015	7922	92.01%	3.940%	39.979%	38.350%	16.393%

（4）两权偏离度。控制权与所有权的分离度见表 5-7。结果显示，平均而言，我国上市公司控股股东对上市公司的控制权为所有权的 1.501 倍，最大达到 57.097 倍。

表 5-7　　两权偏离度的描述性统计

年份	样本数	最大值	最小值	均值	中位数	标准差
2009	1031	57.097	0.222	1.336	1	1.193
2010	1087	48.097	1	1.527	1	1.352
2011	1103	36.097	1	1.488	1	1.308
2012	1132	32.533	0.758	1.641	1	2.302
2013	1169	28.533	1	1.532	1	2.276
2014	1197	19.257	0.984	1.308	1	2.047
2015	1203	18.214	0.846	1.376	1	2.315
2009—2015	7922	57.097	0.222	1.501	1	1.784

3. 其他股权特征的描述性统计

（1）控制方式。表 5-8 展示了一个比较可喜的结果——在我国资本市场上，控制人直接控制上市公司的居多数，表明我国终极控制人有一半以上的情况是未构建复杂的组织结构，2009 年这一比重超过 3/4。不过 2009 年之后这种情况有了改变，除 2012 年回升到 60.36%外，其他年份呈下降趋势。

表 5-8　　控制方式的描述性统计

年份	样本数	最大值	最小值	均值	中位数	标准差
2009	1031	1	0	75.12%	1	43.25%
2010	1087	1	0	59.77%	1	49.15%
2011	1103	1	0	59.43%	1	49.12%
2012	1132	1	0	60.36%	1	47.91%
2013	1169	1	0	57.34%	1	49.47%
2014	1197	1	0	54.47%	1	45.97%
2015	1203	1	0	52.19%	1	40.18%
2009—2015	7922	1	0	59.88%	1	48.33%

（2）ZH 指数。股权分置改革前，“国有股一股独大”是我国广为流传的说法，这是借对某些国有企业的诟病而引发的感慨，意思是说通过股份制改造而上市的国有企业拿出了一部分股份让公众购买，看似让渡利益给中小投资者，但国有身份的控制人牢牢占据着控股地位，还通过大量的关联交易攫取上市公司的利益，中小投资者所拥有的股份比重少，又分散，更显得势单力薄，对国有大股东构成不了制约，因此根本无法维护其权益。表 5-9 显示，2009—2015 年，我国上市公司第二大股东所拥有的股份平均相当于大股东的 41.08%，7 年以来，这个比例在不断上升，这发出了一个很积极的信号。随着公司治理的逐步完善以及经济体制的改革尤其是金融、证券等领域的逐步改革，股权制衡的作用会逐步体现出来。至 2013 年，制衡度升为 55.2%，比 2009 年的 23.2%上升了 32%，表明上市公司均在积极致力于公司治理结构的完善。

表 5-9　　ZH 指数的描述性统计

年份	样本数	最大值	最小值	均值	标准差	中位数
2009	1031	1	0.08%	23.2%	0.87%	18.05%
2010	1087	1	0.10%	2.59%	0.99%	21.00%

续表

年份	样本数	最大值	最小值	均值	标准差	中位数
2011	1103	1	0.12%	3.19%	1.26%	21.46%
2012	1132	1	0.17%	52.6%	22.6%	22.08%
2013	1169	1	0.11%	55.2%	2.27%	21.28%
2014	1197	1	0.37%	48.7%	3.01%	25.87%
2015	1203	1	0.54%	50.1%	2.94%	21.97%
2009—2015	7922	1	0.08%	41.08%	30.43%	20.89%

（4）控制人担任上市公司高管情况。表5-10显示，68.79%的上市公司高管来自控股股东。从2009年到2015年，控股股东直接进驻上市公司（这里的直接进入指的就是派出高管）的情况未见减少。这从另一个侧面说明我国企业的实践与西方国家存在明显不同——我国企业主要是股东中心主义，而西方的“经理革命”离我国资本市场尚很遥远。对于这种情况，也有不少的专家进行了讨论，总体上认为，这与我国不成熟的经理人市场有关，但更主要的乃是体制的不完善。

表5-10　　控制人担任上市公司高管情况的描述性统计

年份	样本数	最大值	最小值	均值	中位数	标准差
2009	1031	1	0	62.85%	1	37.71%
2010	1087	1	0	68.16%	1	32.32%
2011	1103	1	0	70.46%	1	29.40%
2012	1132	1	0	72.21%	1	26.80%
2013	1169	1	0	70.45%	1	23.57%
2014	1197	1	0	69.63%	1	30.49%
2015	1203	1	0	69.87%	1	29.87%
2009—2015	7922	1	0	68.79%	1	31.55%

4. 控制变量的描述性统计

考虑到研究的主次性以及篇幅的限制，控制变量仅按总体情况列示了

2009—2015 年的描述性统计结果，而未逐年列出，见表 5-11。同大多数研究结构一致，以当年年末总资产的自然对数表示的企业规模均值为 21.254，可以看到资产规模在各年间的差异不大。在财务杠杆的利用上，我国上市公司的负债率未超过 50%，说明我国上市公司在财务策略上总体上比较保守。样本企业的上市年限平均为 9.893 年，各年分布比较均匀。我国上市公司主要处于经济发达地区，不发达地区的上市公司仅占 15.1%。

表 5-11 企业规模、负债率、上市年限、上市地点的描述性统计

变量	年份	样本数	最大值	最小值	均值	中位数	标准差
企业规模	2009—2015	7922	27.901	14.158	21.254	21.165	1.124
负债率	2009—2015	7922	1	0	48.5%	15.3%	30.3%
上市年限	2009—2015	7922	18	1	9.893	11	3.687
上市地点	2009—2015	7922	1	0	84.9%	1	35.8%

5. 属性变量（控制人担任上市公司高管情况、上市地点）的频数分布

为展示控制人担任上市公司高管情况、上市地点这些分类变量赋值为 1 和赋值为 0 时的频数情况，我们列表显示了分类变量的频数分布（见表 5-12）。

表 5-12 控制人担任上市公司高管、上市地点的频数分布

变量			DR		PLACE	
			数量	比重	数量	比重
2009	($N=1031$)	1	911	88.40%	869	84.30%
		0	120	11.60%	162	15.70%
2010	($N=1087$)	1	947	87.10%	916	84.30%
		0	140	12.90%	171	15.70%
2011	($N=1103$)	1	997	90.40%	931	84.40%
		0	106	9.60%	172	15.60%
2012	($N=1132$)	1	1045	92.30%	963	85.10%
		0	87	7.70%	169	14.90%

续表

变量			DR		PLACE	
			数量	比重	数量	比重
2013	(N=1169)	1	996	85.20%	1009	86.30%
		0	173	14.80%	160	13.70%
2014	(N=1197)	1	994	83.04%	982	82.07%
		0	203	16.96%	215	17.93%
2015	(N=1203)	1	974	80.97%	986	81.96%
		0	229	19.03%	217	18.04%
2009—2015 (N=7922)		1	6864	1	6657	1
		0	1058	0	1265	0

二、相关性分析

表 5-13 列示了变量之间的相关性水平。股权代理成本与产权属性、所有权、控制权、两权偏离度、控制方式、股权制衡度以及控制人担任上市公司高管显著相关。控制变量中，除成长性与股权代理成本的相关性不显著外，其他控制变量均与股权代理成本显著相关。同时，结果显示，模型不存在严重的共线性问题。

表 5-13　　变量的相关系数矩阵

	Tunnel	SOE	SYQ	KZQ	SR	ZJ	ZH	DR	SIZE	LEV	GW	AGE	PLACE
Tunnel	1												
SOE	0.035 0.004	1											
SYQ	0.034 0.004	0.888 0.000	1										
KZQ	-0.003 0.037	-0.119 0.098	-0.068 0.079	1									
SR	0.037 0.002	0.418 0.051	0.321 0.157	-0.068 0.201	1								

续表

	Tunnel	SOE	SYQ	KZQ	SR	ZJ	ZH	DR	SIZE	LEV	GW	AGE	PLACE
ZJ	0.031	0.436	0.186	−0.088	0.419	1							
	0.010	0.190	0.301	0.257	0.112								
ZH	0.010	−0.078	−0.081	0.000	−0.026	−0.052	1						
	0.012	0.159	0.137	0.979	0.033	0.201							
DR	0.008	0.346	0.370	−0.020	0.157	0.098	−0.032	1					
	0.019	0.000	0.000	0.106	0.230	0.167	0.209						
SIZE	−0.005	0.008	0.012	0.004	0.008	0.004	0.006	0.007	1				
	0.069	0.532	0.326	0.743	0.529	0.760	0.614	0.581					
LEV	0.135	0.218	0.216	−0.030	0.246	0.107	0.100	0.056	−0.009	1			
	0.000	0.006	0.082	0.012	0.145	0.311	0.126	0.327	0.438				
GW	−0.018	−0.424	−0.454	0.022	−0.240	−0.141	−0.031	−0.305	0.332	−0.167	1		
	0.139	0.017	0.020	0.074	0.305	0.098	0.009	0.120	0.153	0.224			
AGE	−0.866	−0.231	−0.467	0.123	−0.768	−0.674	−0.057	−0.627	0.624	−0.541	−0.025	1	
	0.062	0.034	0.127	0.574	0.551	0.072	0.075	0.113	0.201	0.159	0.142		
PLACE	−0.026	0.036	0.037	0.001	−0.015	0.013	0.012	0.012	−0.015	0.129	−0.032	0.215	1
	0.034	0.003	0.002	0.960	0.203	0.287	0.306	0.340	0.216	0.157	0.008	0.574	

注：系数下方的值为 P 值。

三、回归结果分析

模型的回归结果见表5-14。相关性分析结果显示所有权与控制权具有一定的相关性，故而课题组在回归分析时分别纳入所有权和控制权进行分析。为控制异方差现象，我们列示了怀特异方差稳健标准误。

表5-14　　　　回归结果分析

变量	仅考虑所有权		仅考虑控制权		同时考虑所有权、控制权	
	(N=7922)		(N=7922)		(N=7922)	
截距	−1.2379*** 0.0071	−17.42	−1.2425*** 0.0071	−17.47	−1.2479* 0.0983	−17.57
SOE	0.0065* 0.0882	1.74	0.0055* 0.0881	0.63	0.0064* 0.0637	0.73

续表

变量	仅考虑所有权		仅考虑控制权		同时考虑所有权、控制权	
	（N=7922）		（N=7922）		（N=7922）	
SYQ	0.0003*** 0.0002	2.06			-0.0006 0.2105	-1.12
KZQ			0.0005*** 0.0003	1.86	0.0011*** 0.0006	1.89
SR	0.0001*** 0.0021	2.03	0.0001*** 0.0021	2.05	0.0002*** 0.0006	1.80
ZJ	-0.0139*** 0.0086	-1.61	-0.0164*** 0.0082	-3.99	-0.0222** 0.0197	-2.31
ZH	-0.00002*** 0.00005	-1.36	-0.00003*** 0.00005	-1.58	-0.00003*** 0.00005	-1.55
DR	-0.0026** 0.0121	-0.21	-0.0043** 0.0122	-0.36	-0.0044** 0.0122	-0.37
SIZE	0.0611*** 0.0034	18.23	0.0607*** 0.0034	18.08	0.0607*** 0.0034	18.08
LEV	0.0027* 0.0643	0.19	0.0025** 0.0146	0.17	0.0024** 0.0146	0.16
GW	0.217* 0.0587	9.47	0.325* 0.058	6.74	0.421* 0.087	3.24
AGE	-0.0069* 0.0810	-7.00	-0.0067*** 0.0010	-6.76	-0.0008 0.3010	-0.08
PLACE	-0.0008*** 0.0099	-0.08	-0.0009*** 0.0099	-0.09	-0.0067*** 0.0009	-6.78
F	42.49		42.71		39.26	
P	0.000		0.000		0.000	
R^2	16.4%		16.4%		16.5%	
调整 R^2	16.3%		16.3%		16.3%	

注：（1）*、**、***分别表示在10%、5%、1%的置信水平下显著。（2）系数下方的值为怀特异方差稳健标准误。下同。

回归结果显示，控股股东股份的性质与股权代理成本正相关，与 H1 相反，表明国有经济作为我国国民经济的命脉，在完善治理结构、提高效益的道路上依然任重道远。控股股东拥有的所有权在不同的情况下对股权代理成本的影响方向不一致，但只有一种情况是显著的。当我们仅考虑所有权因素时，股权代理成本与所有权比例在 1%的显著性水平下正相关，当我们同时考虑所有权与控制权因素时，所有权比例对股权代理成本的影响不显著。H2 未得到理想的证实。但这至少可以说明在我国法律制度不完善的背景下，控股股东通过获得剩余控制权获取了高额的控制权私利，并由此增强了终极控制股东侵害小股东的能力，从而影响上市公司的股权代理成本。由于在同时考虑所有权与控制权时其不显著，故而可以仅考虑构成显著程度的情况，也就是仅加入所有权到回归模型中，在这种情况下，所有权对股权代理成本的影响的确如假设所做的分析一样，出现了加重股权代理问题的结果。

与所有权不同，控股股东的控制权对股权代理成本产生了显著的正向影响，仅考虑控制权和同时考虑所有权与控制权因素时，控制权比例的回归系数甚至在 1%的显著性水平下正相关。H3 得到证实。诚如我们提出的 H3 所做的分析，终极控制股东可以对企业的两者效应中壕沟防御效应更强。与我国的现实背景相适应，当终极控制股东能对上市公司实施更强的控制时，终极控制股东可以对管理当局进行更有效的监督，从而缓解股东与经营者的代理冲突的作用更富有激励，这也与经济生活中我们看不到复杂组织结构的显著减少的现实相吻合。纵然我们期望通过研究去证实终极控制股东的控制权与上市公司的治理与股权代理成本显著负相关，以促使终极控制股东构建复杂的控制体系来掌控上市公司的动机下降，但本书的研究结果确实与我们的期望相背。这个结果使我们在接受终极控制股东的控制权居高不下的现实的同时，不得不深入思考我国现阶段终极控制股东的控制权比例大的必然性与合理性。我们认为可能的原因是终极控制股东的控制权越大，其投资与经营的稳定性越强，更关注企业的长远发展。结论同时表明控股股东对上市公司经营的影响主要是通过提高其控制权比例，而不是主要关注所有权比例，这一结论也提醒我们研究控制权的必要性。

控制权与所有权的分离度与股权代理成本在 1%的显著性水平下正相关，可见控股股东在既定所有权比例上通过复杂组织结构对上市公司实施控制的低效率。控制人的控制方式从另一角度对此结论进行了印证——终极控制股东直接控制与股权代理成本显著负相关，表明终极控制人对上市公司直接进行控制有利于降低股权代理问题，而间接控制则会加重股权代理问题。

股权制衡度对上市公司股权代理成本产生了负向影响，表明我国新兴资本市场上其他股东对大股东的牵制可以带来积极的效应进而造成股份合议决策的效果导向。控股股东担任上市公司高管与企业股权代理成本显著负相关，可见控股股东亲自组建上市公司的高管团队有助于降低上市公司的股权代理成本，这同时也警示了培育经理人市场的必要性和紧迫性。

控制变量中，企业规模的扩大对股权代理成本会带来增加效应，表明我国大型企业在降低代理成本方面要起到带头作用道路仍很遥远，大企业虽同样面临激烈的竞争，但仍需要尽快转换经营机制和改革创新以提高公司治理效率。负债率与股权代理成本在不同的回归模型中均显著正相关。虽然我国上市公司采用保守或稳健的财务政策，财务风险较低，但也带来了比较严重的股权代理问题。企业的成长性对股权代理成本具有显著的正向影响，表明现阶段我国企业的成长是以牺牲股权代理成本为代价的。上市年限在仅考虑所有权和仅考虑控制权的回归模型中与股权代理成本在1%的水平下显著负相关，说明上市年限越长的公司股权代理成本越低，这与李增泉（2004）、刘峰（2005）的研究认为企业通过“透支”“包装”等手段上市，上市后亏空凸显而经营又无力的结论一致。公司注册所在地与股权代理成本负相关，这一结论无论是在仅考虑所有权还是仅考虑控制权抑或同时考虑所有权和控制权时均在1%的水平下显著，表明经济发达地区的股权代理成本反而低，对此，我们认为这可能与经济发达地区的企业所占样本的总量有关，前述表5-11的描述性统计显示，84.9%的上市公司位于经济发达地区，这些企业涉及各行业且具有不同规模，因而经济效益上不一定都能体现出区位优势。

第五节 产权属性及所有权与控制权的进一步分析

上述结论显示，控股股东拥有的控制权比例对股权代理成本的影响在仅考虑控制权因素和同时考虑所有权与控制权因素时均在10%的水平下显著为正，而所有权比例在仅考虑所有权因素和同时考虑所有权与控制权因素时对股权代理成本的影响方向不一致，仅考虑所有权因素时在10%的水平下显著，在同时考虑所有权与控制权因素时影响不显著。为进一步比较研究股权结构对股权代理成本的作用机理及控股股东拥有的所有权和控制权对代理成本的影响程度，现采用逐步回归与双样本 T 检验进行分析。

一、逐步回归

表 5-15 显示，在同时考虑所有权与控制权因素时，模型回归的变量符号、影响程度和显著性以及 F 值、R^2 和调整 R^2 均没有仅考虑所有权或仅考虑控制权时理想，逐步纳入所有权与控制权后，模型结果逐步趋于理想，表明所有权与控制权的确对企业的代理成本产生了影响。关于所有权与控制权对代理成本的影响上文已做了分析，这里不再赘述。下文将按所有权和控制权比例的高低分组后进行均值比较分析。

表 5-15　　　　　　　　**逐步回归结果分析**

变量	不考虑所有权与控制权		仅考虑所有权		仅考虑控制权		同时考虑所有权、控制权	
	(*N*=7922)		(*N*=7922)		(*N*=7922)		(*N*=7922)	
截距	−1.2363* 0.0958	−9.40	−1.2379*** 0.0071	−17.42	−1.2425*** 0.0071	−17.47	−1.2479* 0.0983	−17.57
SOE			0.0065* 0.0882	1.74	0.0055* 0.0881	0.63	0.0064* 0.0637	0.73
SYQ			0.0003*** 0.0002	2.06			−0.0006 0.2105	−1.12
KZQ	0.0506* 0.0621	0.17			0.0005*** 0.0003	1.86	0.0011*** 0.0006	1.89
SR	0.0483** 0.0286	0.96	0.0001*** 0.0021	2.03	0.0001*** 0.0021	2.05	0.0002*** 0.0006	1.80
ZJ	0.0364* 0.0743	1.59	0.0139*** 0.0086	1.61	0.0164*** 0.0082	3.99	0.0222** 0.0197	2.31
ZH	0.0065** 0.0133	0.48	−0.00002*** 0.00005	−1.36	−0.00003*** 0.00005	−1.58	−0.00003*** 0.00005	−1.55

续表

变量	不考虑所有权与控制权		仅考虑所有权		仅考虑控制权		同时考虑所有权、控制权	
	(N=7922)		(N=7922)		(N=7922)		(N=7922)	
DR	−0.00001*** 0.00005	−0.10	−0.0026** 0.0121	−0.21	−0.0043** 0.0122	−0.36	−0.0044** 0.0122	−0.37
SIZE	−0.0008** 0.0120	−0.07	0.0611*** 0.0034	18.23	0.0607*** 0.0034	18.08	0.0607*** 0.0034	18.08
LEV	0.0615*** 0.0033	18.46	−0.0027** 0.0143	−0.19	0.0025** 0.0146	0.17	0.0024** 0.0146	0.16
GW	−0.0079** 0.0135	−4.59	0.217** 0.0287	9.47	0.325* 0.058	6.74	0.421* 0.087	3.24
AGE	0.2514* 0.0659	3.27	−0.0069*** 0.0010	−7.00	−0.0067*** 0.0010	−6.76	−0.0008 0.3010	−0.08
PLACE	−0.0007*** 0.0010	−0.07	−0.0008*** 0.0099	−0.08	−0.0009*** 0.0099	−0.09	−0.0067*** 0.0009	−6.78
F	31.62		42.49		42.71		39.26	
P	0.000		0.000		0.000		0.000	
R^2	13.1%		16.4%		16.4%		16.5%	
调整 R^2	12.3%		16.3%		16.3%		16.3%	

二、基于产权属性分组的对比

回归结果显示产权属性与股权代理成本显著正相关，这对公有属性的代理问题提出了严重的警示。现对公有与非公有企业代理成本的均值进行比较，以进一步讨论产权属性对股权代理成本的影响，均值比较结果见表 5-16。

表 5-16　　按股份性质分组后股权代理成本的均值 T 检验结果

样本范围	股权代理成本				
	样本数量	均值	差值估计	T 值	P 值
国有组	4595	0.029	0.049	6.31	0.000
非国有组	3327	-0.020			

结果显示，国有组的股权代理成本显著高于非国有组，为上述回归结果提供了进一步的佐证，表明国有企业在我国整体上存在比较严重的股权代理问题。

三、按所有权和控制权比重的大小进行对比分析

1. 基于所有权比重大小的对比

股改以来，终极控制人的所有权比重呈减少之势，总体为1/3左右。本书以均值为界限，将7922个混合样本按终极控制人的所有权比重分为均值以上和均值以下两组，其中均值以上的共4784家上市公司，占全部样本的60.39%，简称高所有权组，均值以下的3138家企业，占全部样本的39.61%，简称低所有权组。对高所有权组和低所有权组的股权代理成本进行均值 T 检验的结果见表5-17。

表 5-17　　基于所有权比重大小的对比

样本范围	股权代理成本				
	样本数量	均值	差值估计	T 值	P 值
高所有权组	4784	0.039	0.0500	6.02	0.000
低所有权组	3138	-0.011			

2. 基于控制权比重大小的对比

同样，本书以均值为界限，将7922个混合样本按终极控制人的控制权比重分为均值以上和均值以下两组，其中均值以上的共4306家上市公司，占全部样本的54.35%，简称高控制权组，均值以下的3616家企业，占全部样本的

45.65%，简称低控制权组。对高控制权组和低控制权组的股权代理成本进行均值 T 检验的结果见表 5-18。

表 5-18 **基于控制权比重大小的对比**

样本范围	股权代理成本				
	样本数量	均值	差值估计	T 值	P 值
高控制权组	4306	0.0518	0.0648	9.71	0.000
低控制权组	3616	-0.0130			

从表 5-17 和表 5-18 可见，所有权和控制权高低的组别，其股权代理成本均存在显著差异。两组比较来看，控制权不同时，股权代理成本的差异绝对数更大，差异更显著。

四、控制权比例与两权分离程度的交互分析

两权偏离度代表着企业产权结构的复杂程度。上文的回归结果显示，所有权与控制权的分离程度越大，企业的股权代理成本越高，而当控股股东直接掌控时上市公司的代理成本更高。故这里将控股股东的控制权与两权分离程度的交互项引入模型进行分析，以展示既定控制权比例下两权分离程度对企业股权代理成本的影响，回归结果见表 5-19。

表 5-19 **交互分析的回归结果**

变量	仅考虑所有权 (N=7922)		仅考虑控制权 (N=7922)		同时考虑所有权、控制权 (N=7922)	
		T		T		T
截距	-1.2369*** 0.0711	-17.41	-1.2421*** 0.0712	-17.45	-1.2504*** 0.0714	-17.51
SOE	0.0065*** 0.0088	0.74	0.0055*** 0.0087	1.63	0.0065*** 0.0007	0.74
SYQ	0.0001*** 0.0003	0.45			0.0009*** 0.0006	-1.42

续表

变量	仅考虑所有权		仅考虑控制权		同时考虑所有权、控制权	
	(*N*=7922)		(*N*=7922)		(*N*=7922)	
		T		*T*		*T*
KZQ			0.0005*** 0.0004	1.56	0.0016*** 0.0009	1.84
SR	−0.0039*** 0.0047	−1.82	0.0001*** 0.0057	0.05	0.0032*** 0.0061	0.53
KZQ×SR	−0.0002** 0.0018	1.93	−0.000006*** 0.0003	−0.03	−0.0002*** 0.0003	−0.76
ZJ	0.0163*** 0.0089	1.83	0.0164*** 0.0084	1.95	0.0233*** 0.0097	2.40
ZH	−0.00002*** 0.00004	−0.39	−0.00003*** 0.00004	−0.56	−0.00003*** 0.0001	−0.55
DR	−0.0033** 0.0122	−0.27	−0.0043** 0.0121	−0.35	−0.0042** 0.0122	−0.35
SIZE	0.0611*** 0.0034	18.21	0.0607*** 0.0034	18.07	0.0606*** 0.0034	18.04
LEV	−0.0009** 0.0145	−0.06	0.0022** 0.0146	0.15	0.0019** 0.0146	0.13
GW	0.1744* 0.0587	3.46	−0.2996* 0.0831	−2.04	0.2574 0.1157	0.67
AGE	−0.0069*** 0.0010	−6.92	−0.0067*** 0.0010	−6.77	−0.0068*** 0.0010	−6.80
PLACE	−0.0011*** 0.0099	−0.11	−0.0009*** 0.0099	−0.09	−0.0006*** 0.0099	−0.06
F	39.01		39.13		36.28	
P	0.000		0.000		0.000	
R^2	6.4%		6.4%		6.5%	
调整 R^2	6.3%		6.3%		6.3%	

引入交互项的回归结果显示，两权分离程度在一定的控制权比例之下对上市公司的代理成本带来了反向影响。在仅考虑所有权的模型中，这种反向影响甚至在5%的水平下显著，其他两种情况下在1%的水平下显著。可见，在一定的控制权比例下，控制权与现金流量权的分离有利于企业降低代理成本，两权分离程度越大，企业代理成本越低，这种分离可以在一定程度上减轻企业的代理问题。

第六节　稳健性测试

一、以总资产周转率作为测试变量

通过企业资金周转的快慢也可测量企业的代理成本，因而本书将采用总资产周转率（营业收入/平均资产余额）作为其替代变量来进行稳健性测试。回归结果见表5-20。

表5-20　　**以总资产周转率作为测试变量的回归结果**

变量	仅考虑所有权		仅考虑控制权		同时考虑所有权、控制权	
	（N=7922）		（N=7922）		（N=7922）	
截距	−0.2887** 0.1351	−2.14	−0.2922** 0.1352	−2.16	−0.3033** 0.1353	−2.24
SOE	0.0465** 0.0167	2.79	0.0435** 0.0294	2.62	0.0462** 0.0205	2.78
SYQ	0.0003*** 0.0005	4.63			−0.0019*** 0.0010	−1.88
KZQ			0.0002*** 0.0005	1.32	0.0019*** 0.0011	1.80
SR	0.0018* 0.0641	0.43	0.0026** 0.0339	1.66	0.0002* 0.0842	0.06

续表

变量	仅考虑所有权（N=7922）		仅考虑控制权（N=7922）		同时考虑所有权、控制权（N=7922）	
ZJ	0.0231* 0.0563	1.42	0.0203* 0.0657	1.30	0.0382** 0.0183	2.09
ZH	−0.00003 0.1019	−0.31	−0.00005 0.1203	−0.54	−0.00004* 0.0953	−0.47
DR	−0.0106** 0.0230	−0.46	−0.0075* 0.0231	−0.32	−0.0072* 0.0531	−0.31
SIZE	0.0147*** 0.0064	2.30	0.0139*** 0.0072	2.19	0.0139*** 0.0082	2.10
LEV	0.0287 0.1273	1.05	0.0194 0.1277	0.70	−0.0196* 0.0978	−0.71
GW	0.3207** 0.0475	5.02	0.5706* 0.0574	3.62	0.2781 0.1059	0.57
AGE	−0.0047*** 0.0019	−2.51	−0.0043*** 0.0019	−2.28	−0.0044*** 0.0019	−2.32
PLACE	−0.0057* 0.0189	−0.30	−0.0060* 0.0163	−0.31	−0.0058* 0.0174	−0.30
F	19.18		19.78		16.17	
P	0.000		0.000		0.000	
R^2	13.5%		14%		13%	
调整 R^2	13%		13.1%		12.6%	

以总资产周转率作为测试变量进行稳健性测试的结果显示，除部分变量的显著水平有差异外，总体结论差异不大，表明本书的结论具有一定的稳定性。

二、分年份回归

表 5-21　　　　**分年份的回归结果**

变量	2011 年 (N=1254)		2012 年 (N=1343)		2013 年 (N=1341)		2014 年 (N=1398)		2015 年 (N=1499)	
		T		T		T		T		T
截距	-1. 0108*** 0. 1276	-7. 92	-1. 7669*** 0. 2763	-6. 39	-1. 2532*** 0. 1469	-8. 53	-1. 3110*** 0. 1497	-8. 76	-6. 949*** 1. 070	-6. 49
SOE	0. 0140** 0. 0141	0. 99	0. 0301** 0. 0327	0. 92	0. 0093** 0. 0178	0. 52	0. 0108** 0. 0184	0. 59	0. 0633 0. 1539	-0. 41
SYQ	0. 0015*** 0. 0007	2. 06	0. 0045** 0. 0023	2. 01	0. 0029** 0. 0014	2. 20	0. 0021 0. 1012	1. 66	0. 0057* 0. 0609	0. 52
KZQ	0. 0020*** 0. 0007	2. 79	0. 0049** 0. 0025	2. 03	0. 0033 0. 1814	2. 37	0. 0017* 0. 0013	1. 34	0. 0019** 0. 0114	0. 17
SR	-0. 0231*** 0. 0058	-3. 97	-0. 0001*** 0. 0009	-5. 09	0. 0013*** 0. 0066	3. 20	-0. 0020 0. 1236	-0. 55	-0. 0109 0. 2287	-0. 38
ZJ	-0. 0066** 0. 0152	-2. 43	-0. 0685** 0. 0398	-1. 72	-0. 0665** 0. 0219	-3. 03	-0. 0118** 0. 0207	1. 57	-0. 1710* 0. 0834	-1. 93
ZH	-0. 00003 0. 2041	-0. 50	-0. 00004 0. 3511	-0. 28	-0. 0001 0. 5109	-0. 66	-0. 0001 0. 1402	-0. 31	-0. 0005*** 0. 0015	-0. 32
DR	0. 0187** 0. 0169	1. 11	0. 0020** 0. 0437	0. 05	0. 0082** 0. 0255	0. 32	0. 0228** 0. 0303	-0. 75	0. 0891 0. 2138	0. 42
SIZE	0. 0502*** 0. 0060	8. 35	0. 0830** 0. 0132	6. 29	0. 0591*** 0. 0069	8. 51	0. 0661 0. 0069	9. 51	0. 3217*** 0. 0509	6. 32
LEV	0. 0169** 0. 0252	0. 67	0. 0184* 0. 0546	0. 34	-0. 0239* 0. 0288	-0. 83	0. 0081** 0. 0304	0. 27	0. 0701 0. 2499	0. 28
GW	0. 0308** 0. 0463	0. 66	0. 0179 0. 1002	0. 18	0. 0231* 0. 0549	0. 42	-0. 0043* 0. 0563	0. 00	0. 0261 0. 1341	0. 19
AGE	0. 0038** 0. 0159	0. 24	-0. 0096** 0. 0356	-0. 27	-0. 0035** 0. 0195	-0. 18	-0. 0017** 0. 0214	-0. 08	0. 3068* 0. 1741	1. 76

续表

变量	2011 年 (N=1254)		2012 年 (N=1343)		2013 年 (N=1341)		2014 年 (N=1398)		2015 年 (N=1499)	
		T		T		T		T		T
PLACE	-0.0062*** 0.0019	-3.19	-0.0088*** 0.0039	-2.26	-0.0061*** 0.0021	-2.89	-0.0059*** 0.0021	-2.89	-0.0173** 0.0151	-1.15
F	10.83		11.19		10.24		10.60		4.37	
P	0.000		0.000		0.000		0.000		0.000	
R^2	14.5%		14.6%		15%		15.1%		10.3%	
调整 R^2	13.6%		13.8%		14.6%		14.3%		9.2%	

由于按年份列示回归结果横向与纵向的篇幅均过大，故本书仅列示了近五年的分年份回归的结果。分年份来看，除 2015 年不显著外，公有属性的企业其他年份都与股权代理成本正相关。所有权均为正向影响，除 2014 年不显著外，其他年份均显著。控制权因素的作用在各年间均为正，仅 2013 年不显著。两权偏离度 2012 年之前显著为负，2013 年显著为正，2014 年、2015 年为负，但不显著。控制方式在各年间均显著为负。股权制衡度在各年均负相关，且 2015 年在 1%的水平下显著。两职合一在五年间均正相关，除 2015 年外，其他年份均显著。控制变量的影响方向和影响程度基本保持一致。

第七节　主要结论及建议

一、主要结论

本书通过对股权结构、终极控制权配置与企业股权代理成本关系的实证分析，得出以下主要结论：

1. 上市公司股份的国有性质与股权代理成本正相关

与王彩霞（2007）等研究认为民营化能提高企业价值的观点相左，本书检验结果发现，公有属性企业的代理成本更高。目前我国高度重视国有企业发展，希冀通过从产权到经营管理的持续改革，使国有企业在政治意义上成为体现社会主义优越性的领头兵，在经济效益上也名副其实走到各行各业的前列，但国有企业的代理问题的确比较严重。

2. 上市公司控股股东拥有的所有权与上市公司股权代理成本显著正相关

在既定的控制权格局下，控制人试图以较低的现金流权带动更多的具有实质上控制意义的股份，从而形成众多的横向或纵向的关联方，这有利于形成产业链，发挥规模效应和提高抵御外来风险的能力，但这种效应在经济开放度很小的范围内才能充分发挥。当企业需要开拓创新、寻找新的利润增长点，当日益连为一体的世界经济冲击太猛时，这种效应甚至会走向反面。

3. 上市公司控股股东拥有的控制权与上市公司股权代理成本显著正相关

这一结论为现实经济生活中控制人通过构建复杂的组织结构提高在上市公司的控制权比例提供了解释。本书发现，控制人拥有的所有权比例会进一步提高上市公司的代理成本，在多数年份其影响为显著正相关，控制权比例也显著正相关，这或许是经济体制改革中大股东减持得以继续推进的原因之一。但是，本书的结论提醒我们，控制人拥有的所有权比例的降低并不一定意味着其对上市公司控制程度的减弱，分析所有权背后的控制权因素才能揭示有关代理成本的影响以及股权结构及股权变更的实质。

4. 上市公司控制人拥有的控制权与所有权的偏离程度与股权代理成本显著正相关，控制人的控制方式与股权代理成本显著负相关

本书发现，控制人拥有的控制权与所有权的偏离程度与代理成本显著正相关，控制权与所有权的偏离程度越大，上市公司的代理成本越高，可见控股股东在既定所有权比例上通过复杂的组织结构对上市公司实施控制也增加了代理成本。而控制人直接对上市公司实施控制会使企业代理成本上升。控制人的控制方式从另一角度对此结论进行了印证——控股股东直接控制与代理成本负相关。

5. 上市公司股权的制衡度与股权代理成本负相关

股权的制衡度与代理成本负相关，这与众多呼唤提高其他股东对大股东的制衡力度的声音一致，表明我国新兴资本市场上其他股东对大股东的牵制能带来积极的效应且不一定导致股份合议决策的效率低下。不过在我国投资者保护制度不完善的资本市场上，要真正实现“同股同权”、股份一律平等，需要走的路还相当长。

6. 控制人担任上市公司高管与股权代理成本负相关

控制人担任上市公司高管对上市公司代理成本的影响总体结论为可以降低股权代理成本，但对总资产周转率也具有负向影响。我们分析认为，原因可能在于总资产包含众多因素，因而当控制人担任上市公司高管时，对总资产周转率的影响出现了不同的结论。

二、政策性建议

1. 适度降低所有权的比重

2009—2015 年，虽然控制人手中的股份进入了流通，但控制人的所有权平均还是接近 1/3，2009 年甚至接近 40%，既超过 Larner（1996）认为的只要拥有 10%的股份便可实现相对控股的标准，也比 Berle 等基于西方资本市场分析后提出的 20%超过较多。与蒲自立、刘芍佳（2004）按投票模型测算的阈值的最小值（1997 年为 3.24%，2000 为 1.66%）更是有天壤之别。纵然也有文献发现集中的股权结构有利于公司价值的提升，但结论主要是针对西方过于分散的资本市场。本书的研究结论显示，控制人拥有的所有权与上市公司业绩成反比，为控制人在不放松控制权的前提下部分放弃所有权提供了具有现实意义的指导。控制人减少部分投资比重，吸引其他主体入股和参股，这也符合我国推行的混合所有制改革的思路，既有利于减轻财务负担和融资压力，又便于吸引多元化主体的注入，从而使管理团队接受更大范围的多元产权主体的监督和约束，降低代理成本，充分利用证券市场的价格机制、控制权机制、管理者的激励机制来强化上市公司的经营与管理，避免不必要的“地下利益输送”。

2. 鼓励控股股东直接控股，降低所有权与控制权的分离度，减少控制链增加带来的代理成本

控股股东拥有的所有权与控制权的分离程度越大，一方面意味着控制人以较少的投入带动了更多的资金，但另一方面，控制人委托中间代理人实施控制必然产生控制链条上的代理问题。这交给管理当局的任务是寻找能确保所有者利益最大化或代理成本最小的代理人。鉴于此，建议控制人直接控股，减少中间控制环节。

3. 建立制度对复杂的所有权结构进行管理与约束

股份制改造之初，企业（主要指的是上市的股份制企业）产权安排比较单一，但随着投融资创新及经济的发展，复杂的所有权结构越来越普遍。对于投资者保护程度低的新兴市场经济国家，加强对复杂的所有权结构下的终极控制人的监管十分必要。我们已经看到，复杂的所有权结构大有日渐取代单一产权结构的趋势，处于复杂的所有权结构顶端的最终控制人日渐隐身，这对市场监管和制度安排提出了新的课题。对于企业尤其是关乎广大分散的中小投资者利益的上市公司，在强化最终控制人查证的基础上加强对终极控制人的监管已成为现阶段及今后产权领域关注的重点。目前企业信息披露相关规定已明确要求披露最终控制人及其一致行动人。投资者则要善于分析上市公司的最终控制人，关注最终控制人的背景及其关联方。

4. 充分利用流通的市场环境，完善企业治理结构，构建和谐的投融资关系

由于股改之后进入流通的非流通股有一段时间的限售期，本书将未过限售期的股份视作非流通做了考察，结果发现上市公司股份的流通性能带来股权代理成本的下降。基于此，在从部分流通走向全流通的进程中，上市公司的经营效益是管理当局、企业高管、员工和广大投资者密切关注的问题。目前虽然股权分置改革已经收官多年了，但尚有部分股份未解禁，也就是说现阶段我国资本市场上的股份仍然未实现真正的全流通。

股权分置改革的目的是优化上市公司股权结构，提供同股同权的资本市场环境，其主要影响应在市场效应方面，而对代理成本的影响可能会滞后一些。本书认为提高企业股份的流通性能带来代理问题的减轻，按此，我们应该能够推论以增强上市公司股份流通性为目的的股权分置改革能带来正面的效应。不过，本书对流通性的分析是以股权分置改革后的限售股份数据为基础的，是以上市公司既定的流通性为背景来进行讨论的。而今后股份真正走向全流通也有一个过程，股权分置改革的目的是通过增强企业股份的流通性，实现“同股同权同利”的目标，其对企业治理及代理成本的影响将需要经过一个长期的过程才能显现。

5. 大力培育充分竞争的经理人市场

上市公司的高管人员来自控股股东不仅不能带来效益的递增，反而因信息不对称或决策的效率问题等影响企业的代理成本。为此，应培育充分竞争的经

理人市场，推进经理人职业化和市场化进程，通过市场机制实现对经理人的选拔、任用和解聘。经理人市场的存在不仅能在收入、晋升、职业和职位上对公司中不尽职或素质低下的企业家造成潜在威胁和竞争压力，而且有助于优秀的经理人才的发现。

第六章　全流通背景下控股股东代理问题的对策研究

作为我国金融体系的重要组成部分，资本市场应回归金融本质，在推动金融普惠的基础上体现其内生的优化资源配置的功能。但我国目前“顶层”管制存在空隙与“底层”套利氛围浓厚的市场格局走入了一个怪圈：在二级市场行情好时，融资方均摩拳擦掌以切割资本市场的蛋糕，从而致使资本市场的融资大军良莠不齐，甚至淹没了部分以公平竞争和优质优价提供证券化资产的融资主体，也模糊了投资者尤其是中小投资者的视线。此时，往往会有利用二级市场的波动性与周期性做空以赚取差价的力量涌出，使二级市场进入恐慌（如2007年和2015年5月开始的杀跌），难以把握市场行情的中小投资者只有在做空队伍面前毫无知觉地被“掠夺”的份儿而无任何还手之力。在二级市场行情不好时，融资方和投资者都翘首盼望政府“救市”，二级市场的做空方更是以复杂的手段巧用政府的措施赚取波动差价。这种市场格局无疑有悖于资本市场的本质。二级市场本不应是没有实体经济真实业绩和良好预期支撑的“空涨”，也不应靠政府“救市”，而应是提供绩优企业便利融资、劣质企业自然淘汰、投资者资金有出路、有回报的金融普惠平台。对于这样一个平台，国家（或政府）的职责在于严把市场准入关、严格市场监管、创建投资者维权机制等，融资方（企业，包括大股东、实际控制人）的重点应在于优化公司治理结构、做大做实做强企业，投资者则应致力于风险识别能力与风险抵御能力的培育，主动接受投资者教育，增强投资理性程度。毋庸置疑，唯此等组合才能使资本市场持续健康发展。具体来看，可采用以下做法。

第一节　政策法规、市场与新闻媒体

经济的发展需要证券市场是不争的事实，但证券市场不可避免的投机可能影响金融市场的秩序，甚至造成资金市场的混乱，严重时还可能成为社会矛盾的导火索。因而，国家需要的是健康、良性的证券市场，需要证券市场上的资金供给者、资金需求者、中介机构等遵守证券市场的交易规则。但是，在不完备的市场上，资金供给者也好，资金需求者也罢，还有中介机构等，都不可能自觉地完全遵守秩序、完全诚信和完全理性，加之我国现阶段制度安排的不尽完善和经济转轨过程中不可避免的种种矛盾的存在，管理当局加强对控股股东减持的监管，从顶层设计上构建一套与我国现阶段市场成熟程度相配套的立法与执法等多管齐下的政策措施，既是宏观监管的应有之义，也是市场的诉求。因此，我们认为，管理当局的重点一在于引导，二在于监管。引导层面的措施可以尝试建立证券规范化运作指数，树立证券领域的标杆，营造良好的市场氛围。监管层面的措施主要在于证券立法与执法，立法要全，执法要严，形成良好的外部治理体系。

一、严格市场准入

伴随着我国经济三十多年的高速增长，我国资本市场也经历了30多年的快速增长。当前，我国经济已进入“新常态”的发展阶段，资本市场作为我国经济发展的一个重要平台，面临着持续健康发展的综合性挑战。如何在“新常态”背景下保持我国资本市场的持续健康发展和结构优化，已成为亟待解决的现实问题。我们认为，这首先需要国家层面严格市场准入的政策理念和配套的顶层设计。

我国资本市场最早采用的是审批制，2002年改为核准制，目前提出了全面推行、分步实施证券发行注册制，采用与西方发达国家类似的注册制应该是我国资本市场改革的方向。注册制下，企业上市的程序更简化了，但我们决不能因为程序的简化而放低上市的门槛。否则，势必带来资本市场的动荡，甚至可能干扰整个经济的运行。

二、严格市场监管

在沪深证券市场建立以来的30年里，二级市场经历了至少三次时间跨度长、下跌幅度大的“股灾”，一次是1998—2002年，一次是2007—2014年底，最近的一次开始于2015年5月。影响“股灾”的因素很多，但我们认为资本市场内在的不稳定性可能是最主要的原因。这种内在的不稳定性是由融资主体的不诚信、监管的空隙和套利投机者的蓄意操纵等为主而共同造成的。现行资本市场监管主体对某些事项不置可否的态度，在给企业、大股东和实际控制人（融资方）套利空间的同时，将信息不对称的后果全部留给了市场。这既是对违法融资或违法套利主体的纵容，更是对中小投资者利益的践踏和对市场的摧残。

市场不得已而为之提供了足够的宽容态度——我国资本市场历程不长，摸索之中的监管与执法难免存在一些困难，按照管理层以及各界的解释，这既与总体上我国经济发展和政治体制发展的水平有关，又与微观层面我国民众素来已久的法制意识和诚信意识水平离不开。按照这一思路，经济转轨过程中，我们是更需要外在的严格监管的。市场监管体系契合于资本市场自我发展的逻辑，是资本市场真正实现良性发展的制度根基。

十八大以来，证监会提出要将执法监管力度的加强和人才力量的配备等嵌入证监系统日常监管、执法之中的做法，既是管理层的职责，也是市场主体尤其是投资者的期望，更是市场的内在要求。

三、拓宽中小投资者维权渠道

我国现行的《公司法》《证券法》以及证监会的各种条例提供了一定的投资者维权渠道，中小投资者保护局的设立是一个重要体现，但对于中小投资者寻求法律救济，这些还远远不够，前面已有论述，故此处不再赘述。其实，市场准入的严格也好，监管体系的完备也罢，说到底，其剑锋所指都是中小投资者利益侵害问题。目前我国尚无一例中小投资者维权成功的案例。相对于中小投资者的维权意识而言，维权的难易程度无疑是中小投资者维权的拦路虎。如若不能反复斟酌并精心谋划投资者维权渠道的建设，市场对中小投资者失去吸引力是早晚的事。

在发达国家，投资者维权的方式有多种，比如要求融资主体和中介机构提取赔偿基金的常态化长效机制，当投资者权益受到侵害时，违法违规主体从赔偿基金中赔偿受损投资者，这无疑给我们提供了极好的经验借鉴。我国也开始有中介机构建立了自主性投资者救济机制，并投入了专门的资金如专项风险准备金，为拓宽对中小投资者的赔偿储备了一定的资金。随着资本市场的发展以及市场监管的严格，以及企业生命周期自然规律的作用，上市公司退市也是难免的。因而，尽快出台退市过程中的风险管理和退市后对投资者尤其是中小投资者的补偿制度，是刻不容缓的任务。

四、建立信用体系

资本市场是以信用为基础进行交易的场所。认识到这一点，市场主体征信体系的建设就应该作为一种常态化的经营以及生活方式而进入我们的视野。在发达经济体中，信用体系是市场不可或缺的一部分。事实上，信用的重要性在我国早已有所凸显。如果不做精确的考察，起码从20世纪末房地产改革（主要是指行政单位、事业单位、国有企业等体制内单位不再解决职工住房）以来，随着人们对购房贷款需求的增加，人们对信用就开始重视了。在以金融为媒介的资本市场，信用尤其重要，“信用无价”正是对“新常态”下信用重要性的极好描述。

毋庸置疑，投融资双方自我对自身的信用有一个评价，与之发生过交易的主体也会互相作出评价，但这种零零碎碎且交易对象极有可能为一致行动人的自我评价或小范围的评价无疑不能代表其真实的信用程度，因而，由官方或者官方授权的权威机构采用口径一致且系统的标准体系为市场主体建立信用体系就显得尤为必要。

五、建立投资者分类保护制度

Sec（2012）、Article（2014）、杨东（2015）按照投资总额占净资产的比重、投资项目个数以及投资金额将投资者划分为成熟投资者和非成熟投资者，两类投资者获取信息的能力、对风险的辨识能力以及风险承受能力是大相径庭的。鉴于此，有学者指出，对投资者进行分类，按其所属的类别建立保护制度，有利于投资者认清自身的风险，避免不理性的投资行为，这也有利于创造信息作为市场的工具而得以发挥作用的主观条件（杨东，2015）。客观上，一级市场、二级市场、股权众筹等投资场所或投资工具的多样化存在（至少短时间内）难以逾越的鸿沟。因而，由管理层采用合理的标准对投资者进行分类，使其在适当的范围内进行投资，可视为金融普惠制下保护投资者利益的前提，也有利于我们理清风险监管的思路，推动协同监管与创新监管体系的建立。

目前，证监会投资者保护局（以下简称投保局）已在新兴的板块如创业板等多项业务中推出了投资者适当性制度，但正如投保局自身所言的那样，“现在的适当性制度层级较低，约束力不强”。未来，为提升市场服务和监管的质量，应着重落实投资者分类制度和投资对象的风险分级制度，确保融资主体将可能影响投资者的各类信息充分披露出来，对于中介机构则要推行营销队伍的执业规范和问责机制，确保销售人员向各类投资者推出适当的产品或服务。

六、充分发挥新闻媒体的作用

新闻媒体因其独立的身份与超常的洞察力，既有利于从多方面获取控股股东及公众企业的违规行为，又可以快速传播信息，堪称“第二经济警察”。在信息化时代，尤应充分利用新闻媒体的优势，对公众企业和控股股东构成有力的约束。

第二节　公众企业与控股股东

前已述及，业绩前景差的上市公司往往是控股股东减持的对象，因而提升业绩、夯实基础乃上市公司之根本。在目前我国正推注册制之际，众多企业欲到资本市场融资。注册制看似放松了对企业上市的审核，但事实上企业进入资本市场后，首先要树立法制观念，依法循章办事，规范企业的运作。其次要提高企业信息的透明度，实现企业与资本市场和社会各界的有效沟通。最后要保持企业的持续增长能力，唯有这样才不会遭受控股股东减持并得到投资者的持续青睐。众所周知，决定上市公司市场价格的因素是预期的企业价值，而预期的企业价值决定于上市公司的基本面，尤其是上市公司的核心竞争力和持续竞争优势，只要上市公司业绩突出，成长性较好，那么上市公司的市场行情就会不断走好，从而吸引大量资金的投入。从我国目前的资金市场来看，中小投资者已经拥有一定的富余资金，因而中小投资者资金的流动性非常充裕，在一定程度上可以认为，现阶段我国有大量的中小投资者在等待投资机会，若控股股东减持，将为吸纳中小投资者资金的基金公司的进入带来机会。

需要注意的是，目前我国重点国有上市公司受控股股东减持的压力很小，原因在于，由于我国特殊的股份制改造背景，对于那些控制国家经济命脉的上市公司，以及地方国资委为控股股东并重点扶持或“依赖”的上市公司，由于法律法规、政策以及其他限制，控股股东是不会减持的。但这类上市公司切不可因此而继续如股权分置时代一样无视经营业绩与市场表现，这些上市公司既然已经把全部股份放到了流通市场，就要做好接受流通市场检验的准备。

另一个需要注意的是，有一些上市公司其控股股东持股比例较低，呈相对控制状态，但全流通背景下，控股股东可能担心其他股东在二级市场大量增持上市公司股份而使其无法掌握上市公司控制权，这类上市公司的控股股东可能会在限售股流通后适当增持上市公司股份，由此掀起收购、反收购狂潮以及上市公司控制权的争夺战，如 2016 年年初宝能在二级市场收购万科股份，险夺万科创始人王石的控制权地位，王石不得不增持万科股份。目前我国这类上市公司（控股股东持股比例低）不在少数，如设计股份（证券代码 603018）第一大股东中科汇通（深圳）股权投资基金有限公司 2015 年 9 月 30 日持股仅

5.43%，国民技术（证券代码300077）第一大股东刘益谦2015年9月30日持股仅4.38%。毋庸置疑，股东的控制权争夺虽被视为解决股东与经理人代理问题的一种手段，但对于成熟的企业而言肯定是不利于发展的。在这个意义上，作为公众公司，为避免因股东之间的控制权争夺而影响经营与发展，练好内功才能应对各种变化与挑战。

一、增强信用观念，守信经营

在资本市场上，企业是融资主体，是资金的需求方。认识到这一点，让中小投资者充分享有知情权，公平获得应当公开的全部信息，守信经营，理应成为企业的经营之道。

资本市场上现有的信息不对称格局，已严重影响了投资者的利益及信心。事实上，企业的发展需要持续的资金供应，投资者的资金也是需要合适的投资对象的。企业经营有风险，投资者对投资回报有预期，由此看来，投融资双方实际上是一对矛盾统一体。撇开导致双方不信任的问题，矛盾就可化解而走向统一。由于中小投资者处于绝对的信息劣势地位，因此作为融资双方的企业，理应增强信用观念，守信经营。这是打破投融资双方不信任格局的基本前提。

二、增强法治观念，守法经营

融资主体的违法违规行为既给企业埋藏了风险，影响企业的远期价值，甚至威胁企业的经营，又直接侵害缺乏风险识别和防范能力的中小投资者的切身利益，从而体现为双方风险倍增、收益递减的博弈格局。反过来，若融资主体秉承法治观念，守法经营，则在一个逐步法治化和逐步走向诚信的社会，其给投融资双方和整个市场带来的收益无疑也是递增的，从而体现出多赢的格局。

三、完善治理结构，高效经营

现代企业制度内在地要求企业完善治理结构。事实证明，凡治理结构完善的企业，运作的透明度高，市场认可度高。资本市场要求上市的企业必须按照公司法的要求建立“新三会”并按期举行各种会议，这既是资本市场对上市公司的外在要求，也是上市公司在资本市场上持续融资、实现高效经营的内在要求。

四、遵循市场规律，尊重中小投资者，勇于担当

流通本是上市公司股份的天然属性，但在我国特殊的发展历程和市场成熟程度下，控股股东出售上市公司股份既应外观整体金融形势以至经济形势甚至国际经济情势，又要内察企业投资、经营谋略、盈利模式以及资产结构等，切实防止不利于企业发展的恶意收购。

本书认为，全流通背景下，第一，控股股东应致力于完善上市公司的治理结构，构建良好的内部治理体系，正视其对上市公司治理应担负的责任，这既是由控股股东身为上市公司的创始人或母公司的身份决定的，也是由其居于企业治理结构的最高层面，拥有最终决策权的权力地位决定的。第二，需公正、科学地看待和处理与其他投资者尤其是中小投资者的利益关系，支持公众公司提升业绩，实现上市公司、大股东与中小投资者的共赢。第三，勇于担当，在必要的时候进行市值管理。虽然目前会计准则不允许控股股东对其持有的上市公司股份按市值计量，但其长期股权投资的市场价值是客观存在的，合理的股权市值（以及合理的股权市值溢价）既可以为控股股东的经营与管理带来无形资产，也可以在交易时带来真实的溢价。

第三节　投资者自身

证券市场因给资金供求双方提供了经常性、统一性和合法交易的市场，为国家提供了公开市场操作的调节杠杆，而以其独特的方式影响着人们的经济生活，对经济发展具有重要作用。但证券市场在提供投资工具和投资收益的同时也暗含着投资风险甚至酝酿着投机气氛，作为证券市场上的弱势群体，中小投资者应做到：第一，学习投资常识，增强投资的理性程度、风险辨识能力和风险防范能力。第二，深入解读控股股东减持的动机，切忌投资的跟风与盲目性。第三，注册制全面推行后，证券市场会有更多的企业成为投资对象，投资品种和投资渠道也会增多，面对众多的投资对象、投资品种和投资渠道，作为中小投资者，更需主动接受投资者教育，坚持价值投资。

一、增强风险识别能力与风险防范能力，理性投资

中小投资者之所以屡屡受侵害，与浓厚的投机意识是密不可分的。投资者往往易被二级市场暂时的狂热所蒙蔽，而不善于挖掘价值投资工具，在缺乏风险识别能力与风险防范能力的情况下，猛然来临的做空自然会使中小投资者措

手不及而活活被“宰割”。事实上，只要投资者把握二级市场的基本规律，具备一定的风险识别能力与风险防范能力，理性选择投资资产，就不会对不理性的上涨存有幻想，也不会对不理性的下跌失去信心。

二、积极接受投资者教育

对投资工具风险与收益关系的理解，对企业风险与价值的评判，以及对自我权利的维护，都需要财务、法律、金融等方面的专业知识。证监会、沪深交易所都设立了专门的投资者学习平台，证券公司、银行、基金公司等金融机构也多次举办各种投资沙龙。投资者教育的效果就主要靠投资者自身的学习态度和学习习惯了。在系统性风险和非系统性风险都同时存在的市场环境下，积极接受投资者教育无疑有助于增强投资理性程度和风险防范能力。

三、严守投资者分类底线

我国已提出了投资者分类保护的思想，下一步的任务是具体落实投资者分类的配套措施，包括资产的拆分、多元化市场体系的建立等，制度搭建起来后，投资者则需要严守投资者分类底线，在适当的范围内进行投资。

第七章　研究结论及展望

股权分置改革结束了我国证券市场特有的二元性股权配置格局，为发挥资本市场的定价功能扫除了制度性障碍。但股权分置改革后全流通的证券市场使控股股东的股份获得了流通性，从而可能带来控股股东的减持和资本市场大规模扩容所造成的市场压力和心理压力等。在证券市场已严重挫伤投资者信心的情况下，控股股东减持甚至可能引起市场动荡。鉴于此，研究控股股东减持的动机、风险与防范措施，对稳定证券市场、重拾投资者信心具有重要意义。在已有文献的基础上，本书系统解析全流通背景下控股股东减持的动机和风险，为防范控股股东减持风险提供依据和思路。

全流通以来，控股股东以及终极控制人对上市公司股份的调整（包括增持或减持）受到监管当局、投融资领域以及学术界的广泛关注，其主要原因在于控股股东减持可能引起市场动荡，这也表明控股股东以及实际控制人对企业的投资动向关乎上市公司、中小投资者以及市场大局。结合产权安排的宏观视角和企业治理的微观视角来看，实际控制人和控股股东对上市公司股份的增减持既是投资者相机调整投资决策的个体微观行为，进而也是被投资单位股权结构发生变动的个体微观行为，同时又是以获取资本增值为主要目的的投资资金筛选投资对象从而导致投资资金在资本市场流动（包括退出后再次进入）的资金供给行为。从信息经济学的角度来看，实际控制人和控股股东对其投资的企业具有信息优势，其对上市公司的价值有一个合理的判断，从而可以选择是否减持以及选择减持时机，那么，控股股东减持上市公司股份的动机何在？控股股东减持上市公司股份对控股股东、上市公司及中小投资者会带来哪些风险？如何防范这些风险？这一系列待解答的问题，对于微观企业个体层面，是其治理结构及权力配置的核心问题，对于中观市场以及宏观大局层面，则是资本市场的信号传递和资本市场监管和投资者保护的重要问题，因而备受市场交易主体、理论界以至监管层的共同关注。学术界围绕此问题的研究主要有两条路径，一是从理论上分析控股股东减持的动机对资本市场和对上市公司的影响，如袁渊（2010）、柴亚军等（2012），二是实证检验控股股东减持的影响，如黄志忠、周炜、谢文丽（2009）、张利红、刘国常（2014）、张金海、李明（2015）。在已有文献的基础上，本书系统解析了全流通背景下控股股东减持的动机与引致的各种风险，为防范控股股东减持风险和加强控股股东的监管提供了依据和思路。

17世纪初东印度公司诞生，为筹措资金，同时规避风险，为其开拓海外殖民地做好准备，东印度公司首创了向公众发行股票的资金募集办法，组建了全球首家股份公司并推动了世界上第一个交易所——阿姆斯特丹交易所的设立。此后，借助于资本交易的推动，欧洲主要资本主义国家的经济得到了飞速发展。在大洋彼岸的美国，虽国家设立时间不长，但以华尔街为代表的资本市场通过股票、债券等金融工具“转瞬间”就推动美国赶超欧洲经济体成为全球最强经济体。我国改革开放十多年后，邓小平发表南方谈话时提到“证券、股市，这些东西……要坚决地试”。① 30年来，我们不得不承认，资本市场对我国经济做出了巨大贡献。前任证监会主席尚福林（2010）指出，资本市场对中国经济的贡献至少表现在“为中国企业特别是国有企业改革与转型提供了天然的市场化平台，提升了中国企业的市场竞争力”等六个方面。不过，荷兰的郁金香泡沫、英国的南海泡沫、法国的密西西比泡沫、1998年的亚洲金融危机和2008年的全球金融风暴，始终像挥不去的阴影至今仍令人谈虎色变，毋庸置疑这些阴影的发生都与资本市场有关。正是因为这些阴影，资本市场受到不少经济学家、政治学家以及社会学家的极力诟病，剑指资本市场带来的投资者分散、部分企业和大股东缺乏商业信用以及监管体系不尽完善。事实上，从经济学角度看，资本市场可以谈得上是人们基于商业交往之中的信用而发展起来的结果，也是投融资关系随着市场经济的发展而顺理成章地通过资本市场进行交易的产物。只要我们坚持马克思主义的唯物史观和辩证法思想，站在整体的视域和发展的轨迹上，我们就不会抹杀资本市场对经济发展做出的巨大贡献，也不难看出中国资本市场尚存的一些弊病，尤其是在投资者保护领域。

我国特殊的经济发展路径和改革开放历程以及特殊的股份制改造历程，使我国从改革开放以来实现了高速的增长，各领域发生了翻天覆地的变化。其中资本市场的建立及国有企业持续的改革，为我国经济的发展作出了不可磨灭的贡献。在促进资本市场健康发展，完善公司治理结构，提高投资者保护程度的

① 邓小平文选：第3卷．北京：人民出版社，1993：373.

改革进程中，企业尤其是国有企业的产权问题，作为具有政治意义的全局性问题，如何引导和改革，与政府、企业和投资者密切相关。企业制度演变的问题，实际上就是公有属性企业的产权结构问题。经过向其他国家的学习与实践中的摸索，我国股份制试点后提出了建立现代企业制度的要求。本书的研究结论显示，降低企业的股权代理问题任重道远，产权属性与产权结构同时也是我国上市公司治理结构不完善的主要原因之一，这与我国公有经济的改革具有明显的政策导向作用的传统有关。但无论资本市场存在哪些以及多大的弊病，资本市场对于中国经济的发展做出了巨大贡献是不可否认的，结合本书的结论，针对现有的弊病，展望未来，我们认为，中国资本市场应在充分尊重优胜劣汰市场机制的基础上，构建完善的投资者保护制度，唯有这样才能实现资本市场的持续健康发展。

第一节 资本市场发展对于中国经济的作用

一、资本市场规模与日俱增，中国跨入世界上最重要的经济大国行列

我国资本市场自建立以来，便成为企业趋之若鹜向往的地方。以 A、B 股为例，1992 年以来沪深证券市场的企业数目和市值总额逐年上升。根据沪深交易所年鉴公布的数据，我国上市公司数目年均上升 3.16%，市值年均上升 4.01%。

在福布斯公布的 2014 “世界 500 强企业” 中，中国共 100 家，占全球的 1/5，其中在国内外上市的企业有 72 家。

除我国创业板之外，各国资本市场均未对上市公司提出成长性的要求，只对盈利性做出了规定，比如我国现行《证券法》规定，上市公司连续两年亏损则 ST，第三年仍未能扭亏为盈则退市。但我们知道，企业一旦到了证券市场上市，则相当于置身于逆水行舟的境地，若不能前进则意味着退步。因而，上市公司事实上既面临盈利的外在要求（其实也是内在要求），也面临保持成长的内在要求。毋庸置疑，正是这些外在和内在的或者内外交织的主客观要求，推动了我国资本市场规模的突飞猛进，也自然而然地推动了中国全球经济大国地位的奠定与巩固，按照国内生产总值来看，2012 年中国就已跨入世界上最重要的经济大国行列。

二、资本市场板块多样化，中国经济活力凸显

按照证监会的划分，目前我国资本市场上的板块，按照行业划分有农、林、牧、渔业、采矿业、制造业、电力、热力、燃气及水生产和供应业等18个行业。按照企业挂牌的板块来看，有主板等多个板块，还有各地的产权交易所，虽然有的板块尚不够规范，但作为一种引领，加之真实交易的产生，中国经济活力凸显。主板、中小板、创业板、新三板的活力自不用说，中关村代办转让系统自2006年1月启动试点以来，运行平稳、秩序良好，试点企业不断增加，支持了一批高新企业的创新与发展，也为场外交易市场的逐步建立奠定了良好的基础。2015年7月9日，80家股权众筹及相关机构又联合倡议、发起成立了中关村股权众筹联盟，为中国经济营造了良好的发展环境，极大地提升了中国经济的活力。

三、不断壮大的机构投资者促进了资本市场投资的理性程度

机构投资者有专业的投资管理队伍，能更有效地筛选投资对象并能合理地规避资本市场上的风险，因而发展壮大成熟的投资者已成为资本市场的共识，带着市场以及各界的期望，证监会明确提出了发展壮大专业的机构投资者是资本市场健康发展的重要任务。当然，监管部门所期望的机构投资者是具有专业能力的机构投资者，它至少要符合专业、成熟、稳定的特点，具有专业分析能力并能承受风险。根据证监会披露的信息，截至2015年12月末，QFII、证券公司集合资产管理、企业年金、证券投资基金等在投资者队伍中所占的比重很可观，账户数量接近10万户且一直保持着稳定的增长态势。专业机构投资者持有上市公司流通股股数约2734亿股。其中对流通股持股数量最多的是证券公司集合资产管理。一致认为，发展专业、成熟、稳定的机构投资者是优化投资者结构，构建和谐的投融资关系，引导投资者理性投资的重要举措。

四、高新技术企业快速发展，带来了科技进步和技术效率的提升

从最初的使命来看，资本市场的作用是推动现代企业制度的建立，充分发挥市场的资源配置作用。在今天，我们欣喜地看到高新技术企业作为异军突起的一支重要力量在资本市场上十分活跃。企业的稳定增长需要技术更新，资本市场的持续健康发展同样需要高科技与新技术。高新技术企业能在资本市场蓬勃发展和持续融资，与其带来的科技进步和技术效率的提升不无关系。

五、资本市场上新兴行业与领域异军突起，促进了中国产业结构的调整

长期以来，中国的产业结构一直以粗放型的经济发展方式为主，生产低附加值的产品。这些企业既难保连续盈利，又难以实现持续增长。因而我们看到，信息传输、软件和信息技术服务业、科学研究和技术服务业、教育、文化、体育和娱乐业等新兴行业与领域异军突起，极大地促进了中国产业结构的调整。

六、大批企业海外上市通过学习效应推动了国内资本市场的规范化运作

我们不得不承认，中国资本市场创建虽仅30年，但一批一批的企业上市、板块的多样化、越来越严格的监管以及越来越浓厚的投资者保护意识等诸多因素，加之风风雨雨的二级市场，使一大批创业者和企业家得到了磨炼，也使一大批企业脱颖而出。有的企业主动认识到，在当今激烈竞争的市场格局下，企业必须走出去，进军国际市场，融入国际化的进程，同时利用全球资本市场助推企业前进，因而，大批企业选择赴海外上市。截至2015年底，美国共接纳了300多家中国企业通过首次公开募股（IPO）和反向收购（reverse merger）等方式在纽约、纳斯达克和OTC等证券市场上市。这些企业不仅从海外获得了充足的发展资本，而且彰显了企业的品牌，优化了企业治理结构，自然而然地提升了企业的信用等级，从而增强了企业的国际竞争力。这些企业对国内企业也带来了学习效应——正面的典型案例如奇虎360激励了国内企业，反面的做法则对我国资本市场及国内企业构成了一种警醒，有益于推动我国资本市场的规范化运作。

第二节　投资者保护：资本市场发挥作用的关键

资本市场是提供金融交易（主要是信用交易）的场所，投资者的资金是资本市场存续的源泉，因而资本市场发挥作用的关键是充分保护投资者利益。但现阶段，在我国资本市场上，投资者尤其是中小投资者处于信息劣势，同时面临着法律风险、信用风险、流动性风险、系统风险等风险。与中小投资者为资本市场所贡献的60%以上的交易量相对比，我国现行制度针对中小投资者权益保护的专门安排明显不足。“融资者强、投资者弱”就是这种现象的生动

写照。

一、保护中小投资者利益的重要性

前任证监会主席肖钢（2013）指出，资本市场健康运行内在地要求保护广大投资者的合法权益，这也是法制化社会维护社会公平正义的有效途径。众所周知，广大中小投资者对我国资本市场的发展是起到了不可替代的作用的。《上证统计月报》显示，截至2016年2月，投资者账户共18467.9万户，《深证统计月报》显示，截至2016年2月，投资者账户共1516.08万户，两市合计共有19983.98万户，按中国13亿人口计算，人均开户15.37%，也就是说，在中国，超过10%的人在证券市场进行投资，即使剔除有的投资者既在上海证券市场开户，又在深圳证券市场开户的情况，10%的比例是肯定能达到的，如果我们将总人口集中到年满18周岁（包括年满16周岁但以自己的劳动获取经济收入的人），那么这一比例会更大（我们通过各种途径欲找到此方面的最新数据，但一直无果，故不得不在此采用2016年2月的数据）。中小投资者进入证券市场的初衷是获取二级市场的红利（含股权红利与资本利得红利），这是不争的事实，但中小投资者对资本市场做出了巨大贡献也是不争的事实。由此可见，中小投资者为我国资本市场贡献了大部分资金来源。

中国资本市场上中小投资者如此大比重的资金贡献以及交易量的贡献这一特征，对资本市场的改革与未来导向提出了许多新的要求，包括资本市场的内在质量，市场交易的运行效率，当然管理当局的监管也是必须跟上的，要从总体上做好顶层设计和制度安排，以推动资本市场持续健康运行。

二、全流通背景下中小投资者利益保护的迫切性

虽然进入全流通了，但我们必须清醒地认识到，目前市场中尚未形成中小投资者保护的稳固的基础和良好的氛围，广大中小投资者虽为资本市场做出了重大贡献，但尚未充分享受资本市场改革的红利，这一方面是由于中小投资者自身的不成熟、不理性，另一方面也与资本市场的制度设计中重融资而忽视投资者权益保护的导向有关，这无疑会阻碍资本市场的良性运行。众所周知，在资本市场上，处于信息劣势地位的中小投资者面临法律风险、信用风险、流动性风险、系统风险等诸多风险，但流动性风险过于复杂，我国目前尚未集中爆发上市公司的流动性风险，系统风险则属于宏观层面，因而这两项风险暂不论述，下文仅分析信息不对称问题和信用风险、法律风险。

1. 中小投资者面临严重的信息不对称

资本市场是基于对企业未来的预期进行定价的交易市场，而企业未来的预期主要取决于企业现在的决策及未来的执行力度，而这些信息中小投资者无法充分获取。在资本市场上，上市公司及其控股股东等融资主体自然对自身的过去及未来的规划拥有绝对的信息优势，中介机构如证券公司、会计师事务所、法律服务公司等因业务所需及相对的权威性而拥有相对的信息优势，而且也具有专业的分析能力，但广大中小投资者一不了解融资主体的意图而只能靠道听途说或者自我猜测，二无专业的辨别能力，因而处于信息的绝对劣势地位，所以，中小投资者面临严重的信息不对称。

2. 中小投资者面临信用风险

中小投资者在资本市场上进行涉众性交易时面临着信用风险。比如，证券市场的现行法规要求上市公司披露重大事件，证券法也明确了重大事件的内容。但是，上市公司可以选择披露时机，如在公司股价行情好时披露“不好”的重大事件，在公司股价行情不好时披露“好”的重大事件。监管体系给融资主体预留的套利空间，使大股东和实际控制人游走于违法边缘，在立法空白加监管缺位的法律环境中，大股东和上市公司利用看似刚性的信息披露制度攫取中小投资者的利益也就在所难免了，这无形之中导致了信息约束下的信用风险。大股东和上市公司甚至可以“为所欲为”，只要履行了信息披露义务，至于行为与决策的一致程度，以及与预期的一致程度，在带来好结果时被归因为公司和大股东的决策与行动，在带来坏结果时则归因为市场、环境等，从而使中小投资者成为最终且唯一的信用风险承担者。

3. 中小投资者面临法律风险

在法律层面，中小投资者面临的风险主要在维权救济方面。一方面，企业有动力通过各种隐蔽的手段故意隐瞒、遗漏重大信息甚至披露虚假信息，对中小投资者产生误导，中小投资者由于专业能力的限制对这些隐蔽的操作手法无法辨识，加之信息不畅，在自身权益遭受侵害时可能根本无法得知，更谈不上通过法律手段进行权利救济。

另一方面，单个中小投资者对上市公司的证券违法行为进行法律救济无疑存在证据搜集能力弱、诉讼成本高的困难，因此单个中小投资者是难以独立地对上市公司的证券违法行为尤其是侵权行为提起诉讼的。同时，对单个投资者而言即使胜诉往往也只能获赔直接损失，因而收益小。而且，单个投资者的胜诉会给其他投资者带来“搭便车”的好处，也就是对其他投资者会产生外部性。这些原因导致中小投资者对于上市公司的侵权行为进行诉讼的动力不足。这也正是企业以及大股东有激励侵害中小股东利益的原因之一。

李克强总理2014年11月20日在国务院常务会议上部署了十条缓解企业融资难、成本高的具体措施（以下简称“融十条”），其中IPO注册制改革成为关注焦点。目前，注册制改革作为证监会攻坚的重要改革之一，逢恰当的时机予以推行是指日可待的事情，相关领域一致将注册制视作我国金融证券领域一项最大的改革。证监会也表明要抓紧对股票注册制论证调查，逐步解决企业排队上市的问题。股票发行注册制对企业融资是好事，对大股东自然也大有裨益，但对中小投资者则又会加大法律风险。在注册制下，主管机构只负责对拟发行股票企业提供的信息和资料进行形式审查，不对企业的成长性、盈利预测等进行实质判断。这就意味着注册制下证券市场的信息会更繁杂，企业质量良莠不齐。作为证券市场最重要的投资主体，在注册制下中小投资者无疑又被增加了法律风险。

第三节 研究展望

当前，我国正处于资本市场改革的关键时期。在我国现阶段的资本市场上，中小投资者无论是所开户数，还是提供的资金和贡献的交易量，都算得上是资本市场的主体，因而各界一致认识到，保护中小投资者就是保护资本市场。我国当前资本市场改革的直接动力应落脚于中小投资者的期待。管理层应致力于搭建资本市场上投融资双方信任与互动的平台，严格市场准入和市场监管，以提升理性的中小投资者对其按合适的方法筛选的投资对象的信心，促进资本市场持续健康发展。

在主客观条件具备的情况下，对投资者按其资金量大小或风险承受能力大小或理性程度等标准进行分类是必要的，是与资本市场多层次资产（证券化资产）供应相匹配的制度，是重塑资本市场金融媒介功能的前提，也是金融服务实体经济的应有之义。客观上来说，资本市场30年的发展和法治建设的推进已为投资者分类创造了制度基础，主观上来看，不同投资者的预期与辨识能力，也已凸显出不同类别投资者的现实存在。

当然，法律是金融交易的制度根基（杨东，2015），中国需要在法制健全的框架下，对资本市场投融资双方的信任与互动关系进行梳理，这是资本市场全面法治建设的系统性工程，也是资本市场深化改革以持续健康发展的基础和契机。

股权分置改革完成后，非流通股具有了流通性，这本是股权分置改革的初衷之一。按照《上市公司股权分置改革管理办法》的规定，“大小非”所持上市公司限售股份的解禁无论在解禁数量上还是解禁时间上都是有严格限制的，因而，股权分置改革初期，非流通股进入流通市场的数量及时间都是可预期的，“大小非”解禁的数量也可以在中国登记结算公司查询，因而在当时是不会带来明显的市场反应的。但全流通的市场背景下，控股股东所持股份与中小投资者所持股份在形式上都是可以随时自由交易的流通股，因而对于控股股东的减持，市场是难以预期的，这也是各国公众公司股权结构的常态。从这个意义上讲，我们既没必要对控股股东的减持所可能产生的风险报以恐惧的心理，也不能完全无视控股股东减持的负面影响，唯有顺应资本市场发展的内在规律，加强防范，才能共同促进资本市场的良性运行。

需要说明的是，本书的研究重点在于，基于全流通背景下的产权安排，考察股权代理问题，挖掘降低代理成本的潜力，而近几年发展较快的利益相关者理论一方面呼吁企业以可持续发展为目标，要求企业承担社会责任，另一方面提出处于企业治理层与管理层之外的消费者、中小股民等利益相关者才是企业利润的真正来源，因此，关于履行社会责任以及保护中小股民利益或者两者与股权结构、终极控制权配置的交互作用对企业价值的影响本书未进一步挖掘，这是本书的局限性。今后，随着企业社会责任计量理论与实践的推进，随着我国投资者保护制度的不断完善，将股权结构、终极控制权配置与利益相关者理论和投资者保护理论结合起来进行研究，既是公司治理理论与实践走向成熟的现实选择，又是企业实现持续增长的必然要求。

参考文献

[1] 白重恩，刘俏，陆洲，宋敏，张俊喜．中国上市公司治理结构的实证研究［J］．经济研究，2005（2）．
[2] 宾国强，舒元．股权分割、公司业绩与投资者保护［J］．管理世界，2003（5）．
[3] 曹国华，杜晶．上市公司不同类型股东的大小非减持动因探究——基于最优股权结构模型的研究［J］．南方金融，2011（10）．
[4] 陈小悦，肖星，过小艳．配股权与上市公司利润操纵［J］．经济研究，2000（1）．
[5] 陈小悦，徐晓东．股权结构、公司绩效与投资者利益保护［J］．经济研究，2001（11）．
[6] 陈晓红，尹哲，吴旭雷．"金字塔结构"、家族控制与企业价值［J］．南开管理评论，2007（10）．
[7] 陈晓，江东．股权多元化、公司业绩与行业竞争性［J］．经济研究，2000（8）．
[8] 陈晓蔚．股权分置改革与公司治理效率［J］．世界经济情况，2006（8）．
[9] 柴亚军，王志刚．股权分置改革后 IPO 抑价与控股股东的减持行为研究［J］．管理学报，2012（2）．
[10] 程立．公司治理、多元化与企业绩效［D］．上海：复旦大学博士论文，2004．
[11] 程仲鸣，夏新平，余明桂．政府干预、金字塔结构与地方国有上市公司投资［J］．管理世界，2008（9）．
[12] 戴亦一，潘越．金字塔结构、最终控制者性质与盈余操纵［J］．经济管理，2009（10）．
[13] 董麓，肖红叶．上市公司股权结构与公司业绩的实证分析［J］．经济研究，2001（11）．
[14] 邓建平，曾勇．大股东控制和控制权私人利益研究［J］．中国软科学，

2004（10）.
[15] 杜莹，刘立国．股权结构与公司治理效率．中国上市公司的实证分析［J］. 管理世界，2002（11）.
[16] 董志勇，韩旭，刘学功．大股东持股和国家持股的股权结构与公司业绩的关系［J］. 四川大学学报（哲学社会科学版），2007（3）.
[17] 冯根福，赵健．现代公司治理结构新分析［J］. 中国工业经济，2002（11）.
[18] 傅利平，张大勇．基于股份减持中的控股股东隧道行为实证研究［J］. 财经理论与实践，2011（9）.
[19] 樊向前．外部股权、投资者保护与公司绩效［J］. 南京大学学报，2004（2）.
[20] 高明华．中国企业经营者行为内部制衡与经营绩效的相关性分析——以上市公司为例［J］. 南开管理评论，2001（5）.
[21] 胡道勇．中国上市公司实际控制入持股特征分析——基于全流通背景下的实证研究［J］. 现代管理科学，2011（9）.
[22] 黄桂杰．上市公司股利政策和投资者保护研究［D］. 北京：中央财经大学博士学位论文，2004.
[23] 黄志忠，周炜，谢文丽．控股股东减持股份的动因．理论和证据［J］. 经济评论，2009（6）.
[24] 金鑫．上市公司股权结构与公司治理［M］. 北京．中国金融出版社，2005.
[25] 郎咸平．公司治理［M］. 北京：中国社会科学文献出版社，2004.
[26] 李东方．上市公司治理结构与投资者保护［J］. 财贸经济，2002（7）.
[27] 李建标，王光荣，李晓义，孙娟．实验市场中的股权结构、信息与控制权收益［J］. 南开管理评论，2008（1）.
[28] 刘磊，万迪昉．企业核心控制权与一般控制权［J］. 中国工业经济，2004（2）.
[29] 刘启亮，李增泉，姚易伟．投资者保护、控制权私利与金字塔结构［J］. 管理世界，2008（12）.
[30] 梁上上．股东表决权．公司所有与公司控制的连接点［J］. 中国法学．2005（3）.
[31] 李维安．现代公司治理研究［M］. 北京．中国人民大学出版社，2002.
[32] 林朝南，刘星，郝颖．行业特征与控制权私利．来自中国上市公司的经

验证据［J］. 经济科学，2006（3）.
［33］林伟，李纪明. 我国上市公司股权结构、资本结构和公司价值关系研究［J］. 天津大学学报（社会科学版），2007（1）.
［34］李增泉. 大股东控制、政府干预与公司治理［M］. 上海：上海财经大学出版社，2003.
［35］李增泉，孙铮，王志伟. "掏空"与所有权安排——来自我国上市公司大股东资金占用的经验证据［J］. 会计研究，2004（12）.
［36］李增泉，余谦，王晓坤. 掏空、支持与并购重组——来自我国上市公司的经验证据［J］. 经济研究，2005（1）.
［37］李增泉，辛显刚，于旭辉. 金融发展、债务融资约束与金字塔结构［J］. 管理世界，2008（1）.
［38］刘星，刘伟. 监督，抑或共谋——我国上市公司股权结构与公司价值的关系研究［J］. 会计研究，2007（6）.
［39］秦翠萍. 股权集中度、投资者保护与公司绩效［D］. 广州：暨南大学硕士学位论文，2006.
［40］乔志城，刘丹. 股权分置改革与公司治理——二阶委托代理框架的视角［J］. 财经问题研究，2006（2）.
［41］R. H. 科斯. 社会成本问题，财产权利与制度变迁——产权学派与新制度学派译文集［C］. 上海：上海人民出版社，1994.
［42］施东晖. 上市公司控制权价值的实证研究［J］. 经济科学，2003（6）.
［43］孙辉. 股权分置改革与上市公司治理探析［J］. 中北大学学报（社会科学版），2006（4）.
［44］宋敏，张俊喜，李春涛. 股权结构的陷阱［J］. 南开管理评论，2004（7）.
［45］宋献中，李源. 持股相近型公司大股东的监督与联盟行为——基于中国上市公司的研究［C］. 广州：中国会计学会2006年学术年会论文集，2006.
［46］沈艺峰，许年行，杨熠. 我国中小投资者法律保护历史实践的实证检验［J］. 经济研究，2004（9）.
［47］沈艺峰，肖珉，黄娟娟. 中小投资者法律保护与公司权益资本成本［J］. 经济研究，2005（6）.
［48］孙永祥，黄祖辉. 上市公司治理结构的实证分析［J］. 经济研究，1998（5）.

[49] 孙永祥，黄祖辉．上市公司的股权结构与绩效 [J]．经济研究，1999 (12)．
[50] 唐宗明，蒋位．中国上市公司大股东侵害度实证分析 [J]．经济研究，2002 (4)．
[51] 王爱凡．二元股权结构与上市公司控制权配置效率研究 [D]．杭州：浙江大学博士学位论文，2004.
[52] 王克敏，陈井勇．股权结构、投资者保护与公司绩效 [J]．管理世界，2004 (7)．
[53] 王克敏，陈井勇．控制权结构、投资者保护与管理者行为控制 [J]．数量经济技术经济研究，2001 (11)．
[54] 王鹏．投资者保护、代理成本与公司绩效 [J]．经济研究，2008 (2)．
[55] 王铮．投资者保护与公司治理 [J]．财贸研究，2004 (1)．
[56] 武立东，张云，何力武．民营上市公司集团治理与终极控制人侵占效应分析 [J]．南开管理评论，2007 (4)．
[57] 吴淑琨．股权结构与公司绩效的 U 形关系研究 [J]．中国工业经济，2002 (1)．
[58] 徐二明，王智慧．我国上市公司治理结构与战略绩效的相关性研究 [J]．南开管理评论，2000 (4)．
[59] 谢军．股权结构的激励效应．基于公司价值的实证分析 [J]．经济评论，2007 (3)．
[60] 夏立军，方铁强．政府控制、治理环境与公司价值 [J]．经济研究，2005 (5)．
[61] 徐莉萍，辛宇，陈工孟．股权集中度和股权制衡及其对公司经营绩效的影响 [J]．经济研究，2006 (1)．
[62] 徐龙炳，俞红海．股权集中下的控股股东侵占与投资者保护综述 [J]．上海财经大学学报，2009 (2)．
[63] 徐晓东，陈小悦．第一大股东对公司治理、企业业绩的影响分析 [J]．经济研究，2003 (2)．
[64] 许小年，王燕．中国上市公司的所有制结构与公司治理 [J]．经济研究，1998 (7)．
[65] 于东智．股权结构、治理效率与公司绩效 [J]．中国工业经济，2001 (5)．
[66] 杨贵宾，王晓．投资者保护、证券市场与经济增长 [J]．系统工程理论

方法应用，2004（6）.
[67] 杨东．互联网金融的法律规制——基于信息工具的视角［J］．中国社会科学，2015（4）.
[68] 阎晓春．中国上市公司股权结构与债务融资关系的实证研究［J］．经济研究导刊，2007（4）.
[69] 严也舟，云雯．美国机构投资者与公司治理［J］．当代经济，2005（8）.
[70] 姚正海．股权结构、经营业绩与高管人员报酬的相关性研究［J］．经济经纬，2007（2）.
[71] 余明桂，夏新平．控股股东、代理问题与关联交易——中国上市公司的实证研究［J］．公司治理，2004（6）.
[72] 余志虎，石赛霞．金字塔股权结构下的利益侵占与对策探讨［J］．财会通讯（学术版），2008（1）.
[73] 袁渊．控股股东减持影响因素的理论和实证分析［J］．中国会计评论，2010（12）.
[74] 岳云霞．上市公司股权结构与公司治理行为［D］．北京：对外经济贸易大学博士学位论文，2005.
[75] 赵小玲．上市公司投资者保护．公司治理角度［J］．金融改革，2004（8）.
[76] 赵琼，任薇．上市公司股权结构与综合经营绩效的相关性分析［J］．经济问题，2008（1）.
[77] 朱红军，李路，汪辉，喻立勇．限售股减持的市场反应与股东行为模式［J］．中国会计与财务研究，2010（12）.
[78] 张红军．中国上市公司股权结构与公司绩效的理论与实证分析［J］．经济科学，2000（4）.
[79] 章卫东，邹斌，廖义刚．定向增发股份解锁后机构投资者减持行为与盈余管理——来自我国上市公司定向增发新股解锁的经验数据［J］．会计研究，2011（12）.
[80] 张金海，李明．盈余质量与限售股解禁市场效应［J］．财会通讯：综合（下），2015（9）.
[81] 张利红，刘国常．大股东掏空和减持关系实证研究——基于股票全流通时代的经验证据［J］．财会通讯，2014（18）.
[82] 张庆，孙嘉平，刘尚林．我国上市公司独立董事制度与中小股东利益保护的实证研究［C］．广州：中国会计学会 2006 年学术年会论文

集，2006.
[83] 张学勇，欧朝敏．终极控制权、外资持股与隧道输送［J］．经济理论与经济管理，2010（6）．
[84] 张人骥，刘春江．股权结构、股东保护与上市公司现金持有量［J］．财贸经济，2005（2）．
[85] 张陶，李汉铃，方淑芬．香港中资公司股权结构研究［J］．系统工程理论与实践，2006（5）．
[86] 张威．中国上市公司股权结构与公司治理绩效研究［D］．武汉：华中科技大学博士学位论文，2006.
[87] 张宗益，宋增基．控制权结构与公司绩效实证分析［J］．数量经济技术经济研究，2003（1）．
[88] 朱武祥，宋勇．股权结构与企业价值——对家电行业上市公司实证分析［J］．经济研究，2001（12）．
[89] 周中胜．大股东利益输送与上市公司盈余质量——基于我国上市公司大股东资金占用的经验研究［C］．广州：中国会计学会2006年学术年会论文集，2006.
[90] 周业安．金融抑制对中国企业融资能力影响的实证分析［J］．经济研究，1999（2）．
[91] 朱茶芬，李志文，陈超．A股市场上控股股东减持的时机选择和市场反应研究［J］．浙江大学学报（人文社会科学版），2011（5）．
[92] 朱茶芬，陈超，李志文．信息优势、波动风险与控股股东的选择性减持行为［J］．浙江大学学报（人文社会科学版），2010（3）．
[93] Agrawal, A., G. Mandelker. Large shareholders and the monitoring of managers: the case of antitakeover charter amendments [J]. Journal of Financial and Quantitative Analysis, 1990 (25): 143-161.
[94] Agrawal A., Knoeber C. Firm performance and mechanisms to control agency problems between managers and shareholders [J]. Journal of Financial and Quantitative Analysis, 1996 (31): 377-398.
[95] Antle, R., A. Smith. An empirical investigation of the relative performance evaluation of corporate executives [J]. Journal of Accounting Research, 1986 (24): 1-39.
[96] Bai, Chong-en, Qiao Liu, Joe Lu, Frank Song, and Junxi Zhang. Corporate governance and market valuation in China [J]. Working Paper, CCFR,

University of Hong Kong, 2003.
[97] Barclay M., Holderness C. G. Private benefits from control of public corporation [J]. Journal of Financial Economics, 1989 (25): 371-395.
[98] Baron R. M., Kenny D. A. The moderator-mediator variable distinction in social psychological research: conceptual, strategic, and statistical considerations [J]. Journal of Personality and Social Psychology, 1986, 51 (6): 1173-1182.
[99] Berle and Means. The modern corporate and private property [M]. New York: MacMillan, 1932: 76-88.
[100] Bebchuk, Lucian Arye, Reinier Kraakman and George Triantis. Stock pyramids, cross-ownership, and dual class equity: the mechanism and agency costs of separating control from cash-flow rights [M] //Randall K. Morck. Concentrated corporate ownership. Chicago: University of Chicago Press, 2000.
[101] Berle and Means. The modern corporate and private property [M]. New York: MacMillan, 1932.
[102] Bloch, F., Hege, U. Multiple shareholders and control contests [J]. Working Paper, 2001.
[103] Bolton, Patrick and David Scharfstein. A theory of predation based on agency problems in financial contracting [J]. American Economic Review, 1990 (80): 94-106.
[104] Boubakri, N. and J. C. Cosset. the financial and operating performance of newly-privatized firms: evidence from developing countries [J]. Journal of Finance, 1998 (53): 1081-1110.
[105] Cable, John R. Capital market information and industrial performance: the role of West German Banks [J]. Economic Journal, 1985, 95 (377): 118-132.
[106] Cho, M. H. Ownership structure, investment and the corporate value: an empirical analysis [J]. Journal of Financial Economics, 1998 (47): 103-121.
[107] Chung-Hua and Shen, Hsiang-Lin Chih. Investor protection, prospect theory, and earnings management: an international comparison of the banking industry [J]. Journal of Banking & Finance, 2005, 29 (10):

2675-2697.

[108] Claessens, S., Djankov, S., & Lang, L. H. P. The separation of ownership and control in East Asian corporations [J]. Journal of Financial Economies, 2000 (58): 81-112.

[109] Claessens, S., Djankov, S., Fan, J. P. H. Lang, L. H. P. Disentangling the incentive and entrenchment effects of large shareholdings [J]. Journal of Finance, 2002, 57 (6): 2741-2771.

[110] Cubbin, J., Leech, D. The effect of shareholding dispersion on the degree of control in British companies: theory and measurement [J]. The Economic Jounral, 1983 (93): 351-369.

[111] Demsetz Harold. The structure of ownership and the theory of the firm [J]. The Journal of Law and Economics, 1983 (26): 375-390.

[112] Denis, D. and A. Sarin. Ownership and board structures in publicly traded corporations [J]. Journal of Financial Economics, 1999 (52): 187-224.

[113] Dewenter, K. and P. H. Malatesta. State-owned and privately-owned firms: an empirical analysis of profitability, leverage, and labour intensity [J]. American Economic Review, 2001 (91): 320-334.

[114] Demsetz Harold and Kenneth Lehn. The structure of corporate ownership: Causes and Consequences [J]. Journal of Political Economy, 1985, 93 (6): 1155-1177.

[115] Faccio, Mara, and Larry H. P. Lang. The ultimate ownership of Western European Corporations [J]. Journal of Financial Economics, 2002, 65 (3): 365-395.

[116] Fama and Jensen. Separation of ownership and control [J]. Journal of Law and Economics, 1983 (26): 301-325.

[117] Fan, J., Wong, T. J. Corporate ownership structure and the informativeness of accounting earnings in East Asia [J]. Journal of Accounting and Economica, 2002 (33).

[118] Frank, H. Easterbrook, Fishel. Some tasks in understanding law through the lens of public choice [J]. International Review of Law and Economies, 1992 (12): 284-288.

[119] Francis J., Katherine Schipper, Linda Vincent. Earnings and dividend informativeness when cash flow rights are separated from voting rights [J].

Journal of Accounting and Economics, 2005, 39 (2).

[120] Gadhoum, Y., L. Lang & L. Young. Who controls US [J]. European Financial Management, 2005 (11).

[121] Grossman Sanford and Oliver Hart. Takeover bids, the free-rider problem, and the theory of the corporation [J]. Bell Journal of Economics, 1980, 11 (1): 42-64.

[122] Gugler, K. and B. B., Yurtoglu. Corporate governance and dividend pay-out policy in Germany [J]. European Economic Review, 2003 (47): 731-758.

[123] Hermalin, B., Weisbach, M. The determinants of board composition [J]. Rand Journal of Economics, 1988 (19): 589-606.

[124] Himmelberg, C., G. Hubbard, and D. Palia. Understanding the determinants of managerial ownership and the link between ownership and performance [J]. Journal of Financial Economics, 1999 (53): 353-384.

[125] Holderness, Clifford G., Randall S. Kroszner, and Dennis P. Sheehan. Were the good old days that good? Changes in managerial stock ownership since the Great Depression [J]. Journal of Finance, 1999 (54): 435-469.

[126] Holdemess, Clifford G., and Dennis P. Sheehan. The role of majority shareholders in publicly held corporations [J]. Journal of Financial Economics, 1988 (20): 317-346.

[127] Jensen, M. & Meckling, W. Theory of the firm: managerial behavior, agent cost, and ownership structure [J]. Journal of Financial and Economics, 1976, 3 (4): 305-360.

[128] Jenson, M. C. and R. S. Ruback. The market for corporate control: the scientific evidence [J]. Journal of Financial Economic, 1983 (11): 5-50.

[129] Jensen and William Meckling. Theory of the firm: managerial behavior, agency costs, and ownership structure [J]. Journal of Financial Economics, 1976 (3): 305-360.

[130] Jenson Simon, etc. Corporate governance in the Asian financial crisis [J]. Journal of Financial Crisis, 1999, 58 (1-2).

[131] Jensen, M. The modern industrial revolution, exit, and the failure of internal control systems [J]. Journal of Finance, 1993, 48 (3): 831-880.

[132] Johnson S., La Porta R., Lopez-de-Silanes, Shleifer A. Tunneling [J]. American Economic Review Papers and Proceedings, 2000 (90): 22-27.

[133] Judd C. M., Kenny D. A. Process analysis: estimating mediation in treatment evaluation [J]. Evaluation Review, 1981, 5 (5): 602-619.

[134] Kole S. Managerial ownership and firm performance: incentives or rewards? [J]. Advances in Financial Economics, 1996 (2): 119-147.

[135] La Porta R., Lopez-de-Silanes, F., Shleifer, A., Vishny, R. Corporate ownership around the world [J]. Journal of Finance, 1999 (54): 471-517.

[136] La Porta R., Lopez-de-Silanes, F., Shleifer, A., Vishny, R. Legal determinants of external finance [J]. Journal of Finance, 1997 (52): 1131-1150.

[137] La Porta R., Lopez-de-Silanes, F., Shleifer, A., Vishny, R. Law and Finance [J]. American Economic Review Papers and Proceedings, 1999 (90): 61-78.

[138] La Porta R., Lopez-de-Silanes, F., Shleifer, A., Vishny, R. Investor protection and corporate valuation [J]. Journal of Finance, 2002 (57): 1147-1170.

[139] Lang L., Stultz R. Tobin's Q, corporate diversification, and firm performance [J]. Journal of Political Economy, 1994 (102): 1248-1291.

[140] Lemmon M. L., Lins K. V. Ownership structure, corporate governance, and firm value: evidence from the East Asia financial crisis [J]. Journal of Finance, 2003 (58): 1445-1468.

[141] Levy H. Economic valuation of voting power of common stock [J]. Journal of Finance, 1982 (38): 79-93.

[142] Leuz, Christian, Dhananjay Nanda, and Peter D. Wysocki. Earnings management and investor protection: an international [J]. Journal of Finance, 2001 (32): 865-891.

[143] Lins, Karl V. Equity ownership and firm value in emerging markets [J]. Journal of Financial and Quantitative Analysis, 2003 (38): 159-184.

[144] Martin, K., J., and McConnell, J., J. Corporate performance, corporate takeovers, and management turnover [J]. Journal of Finance, 1991 (46): 671-681.

[145] McConnell, John L. , and Henri Servaes. Additional evidence on equity ownership and corporate value [J], Journal of Financial Economics, 1990, 27 (2): 595-613.

[146] Morck R. , Shleifer A. , Vishny R. Management ownership and market valuation: an empirical analysis [J]. Journal of Financial Economics, 1988, 20 (1): 293-315.

[147] Myeong-Hyeon Cho. Ownership structure, investment, and the corporate value: an empirical analysis [J]. Journal of Financial Economics, 1998 (47).

[148] Pagano, Marco, and Alisa Roel. The Choice of stock ownership structure: ageney costs, monitoring, and the decision to go public [J]. Quarterly Journal of Economics, 1998 (113): 188-226.

[149] Shleifer, Andrei, and Robert W. Vishny. Large shareholders and corporate control [J]. Journal of Political Economy, 1986 (94): 461-488.

[150] Shleifer, A. , and R. Vishny. A survey of corporate governance [J]. Journal of Finance, 1997 (52): 737-783.

[151] Stulz R. Managerial control of voting rights: financing policies and the market for corporate control [J]. Journal of Financial Economics, 1988 (20): 25-54.

[152] Walkling, Ralph, and Michael Long. Agency theory, managerial welfare, and takeover bid resistance [J]. Rand Journal of Economics, 1984 (15): 54-68.

[153] Wernerfelt, Birger and Cynthia A. Montgomery. Tobin's q and the importance of focus in firm performance [J]. American Economic Review, 1988 (78): 246-250.

[154] White H. A heteroscedasticity-consistent covariance matrix estimator and a direct test for heteroscedasticity [J]. Econometrica, 1980, 48 (4): 817-838.

[155] Zingales L. What determines the value of corporate votes? [J]. Quarterly Journal of Economics, 1995 (110): 1047-1073.